Andrea Kraus

Toröffnung in die Fünfte Dimension

Energieaufbau durch
Metatron, Saint Germain, Kuthumi ...

Bitte fordern Sie unser kostenloses Verlagsverzeichnis an:

Smaragd Verlag
In der Steubach 1
57614 Woldert (Ww.)
Tel.: 02684-97848-10
Fax: 02684-97848-20
E-Mail: info@smaragd-verlag.de
www.smaragd-verlag.de

Oder besuchen Sie uns im Internet unter der obigen
Adresse.

Deutsche Erstausgabe: Juni 2010
Vierte Auflage: Februar 2012
Umschlaggestaltung: preData
Satz: preData
Printed in Czech Republic
ISBN 978-3-941363-18-2

Andrea Kraus

Toröffnung in die Fünfte Dimension

Energieaufbau durch
Metatron, Saint Germain, Kuthumi ...

Smaragd Verlag

Über die Autorin

 Andrea Kraus, Jahrgang 1961, lebt mit ihrer Familie in Thüringen. Sie ist Heilerin, spirituelle Beraterin sowie Energiekosmetikerin und unterstützt Menschen in ihrer Bewusstseinsentwicklung und ihrem Selbstheilungsprozess. In ihrem Lichtkristall-Heilenergie-Zentrum und auch andernorts gibt sie Seminare und Energieausbildungen, leitet Meditationsgruppen und bietet energetische Körperbehandlungen, Coachings und Energieübertragungen an.

Seit über zehn Jahren ist sie mit der Geistigen Welt intensiv verbunden und leitet Energien und Botschaften der Meister und Engelebenen durch Meditationen, Energieübertragungen und seit einiger Zeit auch durch ihre energetischen Gemälde an interessierte Menschen weiter.

Weitere Informationen, Botschaften, aktuelle Seminare sowie Veranstaltungen und Projekte ersehen Sie auf ihrer Homepage.

www.lichtkristallportal.de

Danksagung

Danke an meine liebe langjährige Freundin und versierte Journalistin, Felicitas Morgenstern, für das Lesen meiner Texte und Inhalte, für die Gespräche und die guten Ratschläge. Ich fühle mich dir sehr verbunden und umarme dich, meine Liebe.

Danke allen lichtvollen geistigen Wesen, die immer an meiner Seite sind und mir besonders bei der Kreation dieses Buches und natürlich auch bei der Umsetzung über die Schulter geschaut haben. Es war für mich im wahrsten Sinne höchst vibrierend, eure Anwesenheit zu spüren und in inniger Verbindung mit euch zu sein. Ich hoffe, es ist alles so geraten, wie es beabsichtigt war.

Danke an meine liebliche Tochter Tina-Lina, die wie ein Engel durch unser Haus schwebt und mit sehr viel Feingefühl und ihrer Anwesenheit erreicht, dass die Schwingungen immer balanciert bleiben. Ich liebe dich, mein Kind!

Danke an Sabine Wolf von Kristallmensch, die es mit ihrer sehr speziellen Energiesphäre und ihrem einzigartigen Wissensfluss immer wieder hinkriegt, dass wir Meister alle für die nächsten Jahre und Jahrzehnte genug zu integrieren haben. Ich danke dir von Herzen und bin EINS mit dir!

Danke an den Verlag, der das Manuskript mit dem Herzen gelesen und die Entscheidung getroffen hat, dieses Buch zu veröffentlichen.

Danke euch allen, die ihr hier in diesem Raum seid und euch von den Meditationen der Meister, von meinen Texten und Ausführungen inspirieren und begeistern lasst!

Inhalt

Vorwort

In meinem zweiwöchigen Freiraum – nennen wir es "selbst genehmigter" Urlaub – hatte ich die Intuition, dieses Buch zu schreiben. Es ackerte und drängte mich, und da ich sowieso eine spontane Seele bin, habe ich das getan, was ich fühlte, und meine Erkenntnisse und Erfahrungen aufgeschrieben, sodass ihr nun davon profitieren könnt.

Ich habe geweint und gelacht, habe alle Ströme frei fließen lassen, die die geistigen Wesen durch mich und in diese Zeilen bewegten und hiermit verankerten.

Vorher gab es ein anderes Buch, das ich gemeinsam mit meiner Freundin zu schreiben begonnen hatte und von dem bereits etwa 30 bis 40 Seiten fertig waren – ich konnte sie nicht mehr zählen, denn sie waren einfach weg. Beim Umspeichern von einer Platte auf die andere verlorengegangen sozusagen – es war eben nicht das richtige Buch, das zu dieser Zeit geschrieben werden sollte, das weiß ich jetzt.

Nun, in diesem Urlaub hatte ich vor zu fasten, aber irgendwie klappte es wieder einmal nicht. Ich belohne mich noch immer gerne mit einer Tasse Kaffee und einem frischen Bäckerbrötchen und selbstgemachter, traumhafter Aprikosenmarmelade mit einem Hauch von Zimt und Nelke (Rezept könnt ihr gerne haben).

Ja, das ist für mich auch Leben. Herrgott, es können doch nicht alle immerzu nur fasten! Ja, ich weiß, dass ich einigen von euch aus dem Herzen spreche, anderen vielleicht nicht . Und ja, ich schleppe immer noch Übergewicht mit mir herum (die lieben Lichtkörpersymptome müssen da jetzt mal herhalten).

Das bedeutet jedoch nicht, dass ich keine Liebe in mir trage. Es bedeutet auch nicht, dass ich keine gute „Heilerin" bin. (Energieüberträger hört sich seltsam an, natürlich heilt sich jeder selbst. Ich kann jedoch aufgrund meines offenen Energiekanals die Vitalkräfte des Menschen für die Selbstheilung aktivieren.)

Es bedeutet auch nicht, dass ich keine Selbstachtung habe. Ich liebe mich für das, was ICH BIN, was ich erkannt habe, was ich fühlen durfte, was ich im Innersten sehen konnte, für das, was ich bewegt und bereits erschaffen habe. Und das ist nicht gerade wenig.

Dennoch – ich bin leider noch kein Millionär! Tut mir leid, das ist auch keine Anleitung dafür, wie ihr Millionäre werden könnt. In diesen Texten geht es um ERFÜLLT-SEIN, was bedeutet, auf allen Ebenen die Energien auszurichten und sich in seine glasklaren Visionen hinein zu entspannen. Es muss niemand mehr daran „arbeiten" – allein dieser Gedanke bringt schon eine weitere Verengung zustande. Und ja, vielleicht gehören für den einen oder anderen Millionen dazu, und es ist keinesfalls ausgeschlossen, dass ihr die eine oder andere noch bekommt, ganz im Gegenteil! Stehen sie uns doch zu – wem sonst, wenn nicht uns, den neuen Hütern des Planeten Erde, denn das Universum ist FÜLLE.

Doch wozu der Stress? Es gibt in wenigen Jahren sowieso kein Geld mehr im herkömmlichen Sinn.

Unsere bedruckten Scheinchen, und vor allem die Geschäftemacherei damit, werden immer mehr einem fairen Tauschhandel weichen müssen. Lassen die neuen hochgeordneten Frequenzen, die wir durchleiten, doch gar nicht mehr zu, dass so viel Unordnung um uns herum passiert. Ihr wisst es. Ihr seht es jeden Tag, und ihr werdet es erleben. Im Moment ist es noch wichtig, und wir brauchen alle das liebe Geld, um erfolgreich zwischen der alten und der neuen Matrix zu schwingen und für diejenigen ein Beispiel zu sein, die es noch als Beweis brauchen. Ja, es ist mehr noch. Das Geld hilft den Menschen, die es uns bringen, einen Teil ihrer materiellen Realität gegen hochkarätige geistige Energie einzutauschen und damit selbst ein großes Stück in die neue Welt hineinzuwachsen. Alle, die es immer noch krampfhaft festhalten, werden so schnell nicht loskommen aus der alten Welt. Alles geschieht zum richtigen Zeitpunkt. So sei es!

Und so bin auch ich bald (demnächst) schlank, schön und immer 35 Jahre jung, und jeder fühlt auf zehn Kilometer Entfernung, dass ich erleuchtet bin, und mein Energiefeld ist so groß, dass es ganze Menschenmassen umfasst und sie alle in Entzücken ausbrechen – alle Sorgen, Ängste einfach ein- und ausatmen und gut ist!

Das wünschen wir uns doch alle, nicht? Ja, ich fühle es kommen, meine Lieben. Alles ist immer mehr so, wie wir uns das vorstellen. Deshalb schreibe ich ja gerade für euch (für uns alle) dieses Buch, dass es euch ermutigen möge, ebenso in eure Potenziale zu kommen. Es ist nach dieser jahrelangen Periode der Vorarbeit nun auch genug.

Wir haben unser Herz geöffnet, unsere Kräfte gebündelt und alles erledigt, was von uns erwartet wurde – immer und immer wieder. Wir haben tapfer angenommen, was uns beschert wurde, und jeden Brocken in wahrhafter Liebe zu Allem-was-ist geschluckt (den wir uns manchmal akribisch schon in früheren Inkarnationen zubereitet hatten). Doch nun sind wir an einem Punkt angelangt, so ließen es mich auch die Geistigen immer wieder spüren, an dem wir all das jetzt endlich loslassen können und genauso sein dürfen, wie wir eben sein wollen. Was nichts anderes bedeutet, als uns vollkommen anzunehmen. Und das ist schließlich das Beste, was es gibt, oder nicht? So können wir eine große Gelassenheit den Dingen gegenüber in uns entwickeln, aus der wir neue Kräfte generieren, die uns helfen, uns immer bewusster im Hier und Jetzt zu verankern und auf diese Art weiterzugehen.

Lasst uns also gemeinsam voranschreiten auf den wundervollen Wegen, die sich uns in alle Richtungen öffnen. Mit den Worten der weisen, geliebten Meisterin Sabine Wolf gesprochen, heißt das: „...indem ihr es beschließt, geschieht es schon." Und das bedeutet, dass sich alle Energien, die ihr aussendet, jetzt in eine Richtung bewegen, nämlich in die gewünschte, favorisierte Richtung zu eurem bestimmten Ziel.

Tut es einfach und lasst euch nicht durch Dinge hindern, die ihr noch nicht bewältigt habt. Dafür habe ich euch meine effektivsten und schnellsten Möglichkeiten der Transformation in diesem Buch beschrieben. Nutzt die Informationen der Geistigen Welt, meine Erfahrungen aus über zehn Jahren spiritueller Arbeit und aus meinen eigenen Wegen und Erkenntnisprozessen, wie auch aus meinen Erfolgen und, vor allem, meinen Misserfolgen; sowie aus den Prozessen meiner Klienten in all der Zeit, die natürlich hier tröpfchenweise mit einfließen.

Vor allem die Misserfolge waren es immer wieder, die mir in aller Not den Zugang zu mir selbst tief geöffnet haben. Ja, sie waren meine wahren Erfolge. Und ich danke in Anbetracht der Dinge, die ich über mich selbst erkannt habe, für meinen Weg. Ich danke mir selbst dafür, dass ich genau dort bin, wo ich jetzt bin, und dass ich erkannt habe, dass mir ALLE Türen und Tore offenstehen, um gerade im Annehmen der Hürden weiter voranzukommen.

Ich fühle seit einiger Zeit, wie mächtige Energien hereinfließen, so, wie es in den letzten Jahren niemals der Fall war. Diese Energien stehen uns zur Verfügung, liebe Lichtmeister! All denen nämlich, die sich bis hierhin bewegt und eine Vielzahl an Prozessen bereits gemeistert haben.

Viele andere Menschen können diese hoch schwingenden Energien noch gar nicht wahrnehmen, geschweige denn halten. Sie sind noch nicht bereit dafür. Dennoch spüren auch sie die Veränderungen, und sie fühlen immer mehr auch unsere Energien und können sich nicht mehr wie bisher wegdrehen und sagen: „Sehen wir nicht, kennen wir nicht, gibt es nicht – alles Hokuspokus!"

Aber nun fließen diese mächtigen universellen Energien mit jeder Toröffnung stärker herein. Zug um Zug sendet uns die göttliche Quelle eine goldene Lichtwelle nach der anderen, damit wir jetzt beginnen können, unser Leben zu manifestieren, so, wie wir es für „gut" befinden. Meister des Lichts! Gehen wir nun mit unserem Beispiel voran, ein Leben in Heilsein, Frieden, Freude und Fülle zu erschaffen, uns kreativ in allen Facetten zu verwirklichen. Und genau das kommt jetzt dem gesamten Prozess der Erde und der Menschheit zugute. Wir sind die neuen Hüter der Erde, die in die Fünfte Dimension fließen und auf multidimensionalem Level agieren. Lasst uns dieses Beispiel geben, dass Fülle, Freude und Leichtigkeit überall um uns vorhanden sind, wenn wir uns für diesen Weg entscheiden. Lasst uns gemeinsam die Wunder erschaffen, für die wir in Wahrheit alle diese Mühen, Desaster und Strapazen auf uns genommen haben. So sei es!

Unsere Arbeit ist so wertvoll, liebe Meister – und damit meine ich alle Botschafter des Lichts, alle Erwachten–, dass der Rest der Menschheit nicht mehr länger einfach darüber hinwegsehen kann. Lasst uns gemeinsam die Bücherregale fluten, indem ihr ebenso eure Erfahrungen ertextet, eure Bilder des Lebens malt, eure Filme erschafft, eure Seminare gebt, eure ideenreichen Projekte verwirklicht. Lasst kreative Energien in euren Alltag fließen – als kleiner Engel im Büro, als Segen zur Vermählung, als Liebesherz im Blumenstrauß, und ja, einfach in eurem strahlenden SEIN! Jeder hat die Möglichkeit, auch wenn er sich nicht entscheidet, künstlerisch, schreibend, beratend oder lehrend tätig zu werden.

Auf viele von den länger Erwachten kommen nun neue Aufgaben zu. Aufgaben im größeren Rahmen, Projekte, die eine größere Reichweite haben. Was auch immer jeder erschaffen mag mit seiner Liebe, es wird genau das sein, was er sich wünscht, und diese Liebe fließt hinein in eure Projekte, in eure Schöpfungen, und der Erfolg, die Fülle, die Freude, die Leichtigkeit werden mit euch sein, weil dies ebenso geordnete, hohe Schwingungen sind. DAS habe ich bereits erfahren, und dieses Buch belegt, dass es so ist! Fühlt hinein…

Ich fühle mich einfach gut, selbst wenn mich auch immer wieder Übertragungen durchschütteln, Überraschungsgefechte lahmlegen. Es geht alles vorbei, und es geht immer schneller und leichter vorbei! Ja, und ich (wie viele von euch ebenso) habe noch nicht alle Leichen aus dem Keller ins Licht geschickt, noch nicht alle Themen bis zur Vollständigkeit erledigt, noch nicht alle Prüfungen durchlaufen, noch nicht alle Facetten meines inneren Diamanten geschliffen. Auch ich habe kein heimliches Sicherheitskonto eröffnet oder für ein „Du musst doch Vorsorge treffen für später, wenn du mal alt wirst" gesorgt.

Warum auch? Ich habe beschlossen, einfach nicht mehr zu altern und mich entschieden, die Sicherheit in mir zu fühlen. Seit vielen Jahren benötige ich keinen Arzt, denn ich heile mich selbst. Und ich sorge immer mehr für einen ständigen Fluss in meinen Finanzen, ohne blockierende Lagerwirtschaft. Alles, was ich brauche, fließt mir zu, und dieser Strom vergrößert sich ständig. So sei es! Und so ist es! In der Tat!

Ich schreibe dieses Buch für mich und so auch für euch, denn wir sind EINS, ihr lieben irdischen Engel. Genau wie ich seid ihr durch viele Abgründe gegangen und habt euch nicht unterkriegen lassen. Euch gilt meine Liebe und Anerkennung, euch allen fühle ich mich sehr verbunden. Und indem ich diese Worte schreibe, fließen Ströme eurer Seelen herein, um mich zu umarmen und mir ihre Liebe zu schicken. Ich danke euch von ganzem Herzen und in aller Liebe, die ich freisetzen kann. Denn genau ihr seid es ja, die diese Zeilen lesen.

Ich schreibe es für alle Seelen, die am Bewusstseinsprozess der Menschheit mitwirken, damit wir gemeinsam unsere Neue Erde, eine gesündere, bessere, friedvollere Welt erschaffen!

Möge es uns ergehen, wie wir es für uns entschieden haben. Mögen sich alle unsere liebevollen Visionen für die Neue Erde und unser einmaliges erfülltes Leben manifestieren. Für ein wundervolles Leben, für Frieden, Freude, Fülle, Liebe, für Leichtigkeit und Bewusstheit auf unserer Neuen Erde.

So sei es!
Andrea

Einleitung von Lord Metatron

Ich grüße die lichtvollen Seelen, die diese Zeilen „studieren" werden, und ich überbringe auch die Lichtgrüße meiner himmlischen Gefolgsleute. Ich bin Lichtfürst Metatron und eröffne den Reigen aller Engel und Meister, die ebenso mit hier einfließen werden.

Dieses Buch ist ein Werkzeug für die Erwachten dieses Planeten und für alle, die bereit sind, diese Informationen aufzunehmen. In unseren Texten sind viele Kodierungen enthalten, mit denen ihr in Resonanz gehen dürft. Es ist ein Geschenk für die vielen Lichtträger und Lichtkräfte, die über lange Jahre hinweg hart dafür gearbeitet haben, dass Gaia und alles Leben auf dem Planeten genau da ist, wo es jetzt sein will. Euch allen gelten unsere Übertragungen und unsere Worte, unsere Liebe und unsere Hochachtung.

Nehmt unsere Geschenke in Form von Worten, Kodierungen, Techniken, Werkzeugen und Energieübertragungen nun an und arbeitet gezielt damit. Lehnt euch zurück, ihr Geliebten, ihr habt es wahrlich verdient!

Die Menschheit hat die gesamten Jahrhunderte der letzten Zeitperioden damit verbracht, tief in die Dualität einzutauchen und ihre Erfahrungen in dieser Matrix zu machen, um jetzt wieder zu erwachen und sich zurückzuerinnern. Aus diesem Erkenntnisprozess heraus haben die Lichtarbeiter des Planeten damit begonnen, das Dunkel der Welt, was auch gleichbedeutend ist mit ihrem eigenen Dunkel, zu erlösen. Und sie tun es bis jetzt. Sie sind durch persönliche, gesundheitliche, existenzielle, familiäre oder partnerschaftliche Abgründe gegangen, um die dunklen Nebel der Zeitalter zu sich zu ziehen und durch ihren eigenen Prozess in die Transformation zu bringen – für die Menschheit, für Mutter Erde, für sich selbst. Ihr habt so tapfer gekämpft und getragen, gelitten und gehofft. Ihr habt die Verbindung zur Geistigen Welt aktiviert, gehalten und weiter gestärkt. Ohne euch, ihr geliebten Brüder und Schwestern, hätte dies alles nicht stattfinden können.

Ihr seid zu diesem Zeitpunkt auf Mutter Erde inkarniert, um den schwereren Weg zu beschreiten. Für euch gab es niemals eine Abkürzung.

Das ist die Wahrheit. Ohne euch wäre der Wandel niemals so weit fortgeschritten. Ohne euch wäre das besondere Zeitfenster bis 2012 vielleicht nur eine verpasste Gelegenheit geworden. Dafür, geliebte Wesen, gilt euch der Dank der gesamten Lichtreiche. Nehmt unsere Liebe, unser Licht, unsere Anerkennung als Lohn für euren schweren Dienst. Ihr habt es nicht umsonst getan. Auf euch warten JETZT die Geschenke, die wir euch – nicht nur in diesem Buch – eins nach dem anderen präsentieren werden.

Wir wissen, dass ihr müde seid vom Kämpfen, vom Arbeiten und von den Prozessen, durch die ihr gegangen seid. Es ist jetzt vorbei. Lasst uns gemeinsam zu neuen Ufern aufbrechen.

Auf dem Weg dorthin dürft ihr nun voll und ganz in die höheren Schwingungsbereiche eintauchen und die Geschenke in Empfang nehmen, bei deren Erkennen wir aus den geistigen Reichen euch gerne behilflich sind.

Das bedeutet nicht nur zu leben, wie jeder es sich vorstellt. Es bedeutet viel mehr als das, liebe Freunde. Ihr seid im Begriff, in Bereiche zu wechseln, in denen Wunder alltäglich sind.

Es geht nun nicht mehr nur darum, sich um das Große Ganze zu kümmern, sich um die Erde um die gesamte Menschheit zu sorgen, dafür zu arbeiten, dass alle anderen erwachen. Jetzt geht es ausschließlich um EUCH, um eure Lebensideale, eure Visionen, euer Glück, eure Freude, eure Erfüllung – um euer Heilsein im HIER und JETZT. Ihr seid EINS!

Denn genau damit wird nun das Energieniveau angehoben, und ihr leuchtenden Seelenwesen tragt mit einem erfüllten Leben dazu bei, die Energien hochzuhalten und weiter zu erhöhen. Und nicht nur das. Ihr tragt dazu bei, als Beispiel für diejenigen zu gelten, die noch auf diesen Weg kommen wollen. Mit eurem eigenen Frieden, eurer Freude, eurer Gelassenheit und eurem Schöpfertum dehnt ihr nun eure Felder weit auf, und andere werden davon profitieren – wenn sie das wählen. Das ist der Plan.

Lange Jahre haben die Lichtarbeiter der ganzen Welt ihr schweres Los getragen, Energien aufzunehmen und zu wandeln. Sie haben Dunkelheit getragen und sich durch Abgründe bewegt, um den Transformationsprozess von Mutter Erde und des gesamten Lebens auf dem Planeten zu unterstützen. Jeder einzelne Atemzug im Sinne des Lichts hat sich gelohnt!

Es ist JETZT realisiert! Natürlich gehen die Prozesse immer weiter, aber mit einer anderen Ausrichtung für die erwachten Menschen, für euch Lichtträger. Viele von denen, die nach euch kommen, haben nun einen leichteren Weg, denn ihr Pioniere habt für sie die Vorarbeit geleistet. Ihr habt den Boden bereitet, auf dem die neue Saat nun aufgehen kann. Jetzt ist es für euch an der Zeit zu beobachten, wie alles wächst, gedeiht und Früchte trägt.

Und ihr seid nun diejenigen, die diese Früchte in der Essenz dieses Buches ernten dürfen.

Mit den einzelnen Kapiteln geben wir euch weitere Einblicke und Möglichkeiten an die Hand, wie ihr immer mehr in den Genuss kommen könnt, ein Leben zu führen, von dem ihr schon lange geträumt habt. Ihr wisst, liebe Meister, Energien gehen niemals verloren. Alles, was ihr jemals erdacht, erträumt und erhofft habt, ist immer noch da. Die Energien fließen im Universum, sie sind nicht verloren. Nur wusstet ihr bisher nicht, wie ihr es anstellen solltet, all die Dinge zu manifestieren, die ihr immer in euer Leben bringen wolltet. Wir sagen nicht, dass es einfach ist. Wir sagen euch jedoch, dass ihr den schwersten Weg bereits hinter euch habt und nun in der Lage seid, die Energien so zu lenken, dass ihr sie in die Manifestation bringen könnt.

Der schwerste Weg bedeutet, das Dunkel zu erkennen, es anzunehmen und es so zu transformieren. Genau das hat eure Herzenskräfte entwickelt und gestärkt. Es hat auch dazu geführt, dass ihr oft an eure Grenzen gestoßen seid. Und nur dadurch konntet ihr wieder neue Räume betreten, indem ihr diese Grenzen überwunden habt. Dafür war dieser Weg auch notwendig. Und nun könnt ihr mit gestärkten Kräften, mit wahren Potenzialen für euch selbst

erschaffen. Und wir fragen euch: „Ist es das nicht wert?"
Über Jahre hinweg habt ihr eure Kristalle der Erkenntnis
gesammelt, um sie nun endlich zu nutzen. Ihr seid bereit.
Ihr habt genug Wissen darüber, wie es nun weitergehen
kann, und es wird noch mehr dazukommen – für jeden von
euch – weil ihr eure Kanäle weit geöffnet habt.

Fahrt nun fort, geliebte Meister des Lichts, lebt eurer
Leben so, wie ihr es für richtig haltet. Wir wissen, dass ihr
eine große Liebe in euch tragt, auch wenn noch nicht alle
dunklen Flecken in eurem SEIN zu Licht geworden sind.
Ihr werdet es JETZT in Leichtigkeit und Freude schaffen,
auch diese Themen noch zu bezwingen, denn ihr habt
schließlich Übung darin. Ihr müsst wirklich nicht perfekt
sein. Dafür seid ihr viel zu individuell, als dass sich eine
Regel für Perfektion finden ließe.

Ihr habt unser Vertrauen voll und ganz, und wir stehen
euch zur Seite, wann immer ihr uns ruft, und ihr habt euch
längst ein großes Aufatmen verdient. Mit diesem Atmen
nehmt ihr unsere Worte und Energien auf und integriert
sie in eurem Körper, in euren Feldern.

Also, was ist? Nehmt einen tiefen Atemzug, öffnet euer
Herz weit und lasst alle heilsamen Ströme zu euch fließen.
So sei es!

ICH BIN Lichtfürst Metatron, und ich spreche auch im
Namen aller Schwestern und Brüder des Lichts, die in die-
sem Moment um euch stehen.

Übernimm Verantwortung

Übernimm Verantwortung bedeutet nichts anderes wie: Nimm an, was du erfährst! Nimm an, was du erfährst! Nimm an, was du fühlst! Übernimm die volle Verantwortung für dein Leben – so, wie es eben ist.

Suche nicht im Außen nach Schuldigen, denn dort gibt es keine. Du bist der Dreh- und Angelpunkt in deinem Universum, du hast es vielfach unbewusst kreiert. Oder du hast in verschiedenen früheren Inkarnationen die Energien erzeugt, die jetzt am Ende der Zeit zu dir zurückfließen möchten.

Es gibt eine Vielzahl von Methoden, die du nutzen kannst, gute und schlechte. Im Kapitel „Die Formel für Transformation" beschreibe ich dir, wie meine eigene funktioniert.

Ich habe mich in meinem ganzen spirituellen Leben immer davor gehütet zu behaupten, diese oder jene Methode sei der Weisheit letzter Schluss. Immer habe ich mich bemüht, die Dinge im Zusammenhang zu betrachten und den verschiedenen Meistern und Methoden genau das abzugewinnen, was für mich wertvoll war. Ja, ich habe Lehrgeld zahlen müssen für Marathonlehrgänge, in denen wenig Spirit und viel Bücherwissen zum Auswendiglernen angeboten wurden, und es gab Kurse, die billig und kurz waren, in denen ich allein durch die Präsenz des Meisters mehr erfahren habe, als durch die Gebete oder Mantren, die er mir vermittelt hat. Wie viele andere habe ich fast ein ganzes Einfamilienhaus dafür bezahlt, meine

Ausbildungen, mein Studium, sowohl in naturheilkund-
licher als auch in spiritueller Hinsicht, zu finanzieren, mit
dem Effekt, dass ich irgendwann vollkommen pleite war.
Aus die Maus. Was übrig blieb, war ein Berg von Schulden, vor dem ich saß. Mein Erbe aus all den Jahren, in denen ich wirklich alles dafür tat, diese von mir fernzuhalten.
Und dabei arbeitete ich in dieser früheren Zeit sehr viel,
manchmal sechzehn Stunden am Tag. Ich hatte eine teure
Praxis in bester Lauflage und ausreichend Klienten für
meine Wellness- und Gesundheitsangebote, die teuersten
Geräte, war immer auf dem neusten Stand und wusste
sehr viel über das Fachgebiet, das ich betreute. Ich hatte
eine ganze Menge Fähig- und Fertigkeiten und ein gutes
Händchen für all die Dinge. Ich wusste damals aber auch,
dass es da noch mehr gab.

Je mehr ich mich jedoch öffnete, je mehr ich mich spirituell entwickelte, umso schlechter lief mein Geschäft.
Ich drang zu diesem Zeitpunkt immer weiter in geistige
Gebiete vor, die mir interessant und mystisch zugleich er-
schienen. Zudem lernte ich sehr viel von meinen Meistern,
aus Büchern und durch mein eigenes Praktizieren. Ich bekam Anleitungen durch die Geistige Welt, und sie vermit-
telten mir in raschem Wechsel immer neue und kraftvollere
Techniken, sodass ich bald vollkommen im Vertrauen war,
geführt zu werden.

Dennoch, die finanzielle Situation war zum Zerbersten.
Oft saß ich abends in meinem Kämmerlein und heulte Trä-
nen über Tränen, weil ich nicht mehr ein noch aus wusste.
Alle Partner hatten sich längst aus meinem Leben verab-

schiedet, denn mit einer Frau, die so im Stress war und darüber hinaus noch eine spirituelle Macke hatte, wollte ja schließlich kein „Normaler" was zu tun haben. So scheiterten alle meine Versuche, vielleicht doch noch eine „gute Partie" zu machen, kläglich. Alles entglitt mir mehr und mehr, und ich musste eine meiner Praxen aufgeben, um mir eine kostengünstigere zu suchen.

Meine Vermieterin der anderen Praxis indes setzte mich vor die Tür, weil ihr das spirituelle Getue nicht ganz geheuer war, und ich musste mich auch da neu umsehen. Immer mehr Klienten verließen mich plötzlich grundlos, sie tauchten einfach nicht mehr auf. Meine Familie machte mir das Leben zur Hölle, weil sie mir immer wieder vorrechneten, dass mein Geschäft so nicht funktionieren konnte, was ich unbedingt noch an diesem Tag an das Finanzamt zu zahlen, welche Schulden sich aufgetürmt hätten und hielten täglich Horrorvisionen parat, was alles demnächst passieren würde, wenn ich nicht sofort aus diesem Schlamassel durch ein WUNDER herauskäme.

Auch hatte ich immer wieder Probleme mit Knöllchen und Blitzern, sie schossen mich ab, wo immer ich war. Und ich war verdammt schnell unterwegs, denn ich war (bin) in der Beschleunigung. Die meisten wissen, wovon ich spreche.

Zu allem Übel wurden die Strafen für Schnellfahren und Falschparken immer teurer. Insgesamt acht Monate lang wurde mir der Führerschein entzogen. Trotzdem musste ich fahren. Mit Bahn oder Bus hätte ich gar keine Möglichkeit gehabt, allen Verpflichtungen nachzukommen. Ich fuhr natürlich nie allein – meine geistigen Freunde saßen immer auf dem Beifahrersitz. Als ich einmal das zuständige Amt kontaktieren musste, sagte man mir am anderen Ende der Leitung: Also, da muss doch irgendetwas schiefgelaufen sein, sie hätten doch schon vor Monaten ihren Führerschein abgeben müssen." Ich lud alle Energien auf einmal ein und sagte nur noch „Gott segne Sie, es hat gewiss alles seine Richtigkeit", und ich behielt dieses wichtige Dokument. (In den Ämtern lesen sie ja diese Art Bücher nicht, oder?)

Ich hielt das Leben so kurz vorm Abgrund viele Jahre lang durch. Doch irgendwann brach alles zusammen, schließlich hatte ich es ja immer geahnt – ich war am Ende. Verbittert, verzweifelt, traurig, verlassen, verarmt und verletzt. Hätte ich nicht so eine liebevolle Tochter gehabt, die alles mit ihrem sanftmütigen Lächeln mittrug – der wichtigste Engel meines Lebens – Ich weiß nicht, ob ich mir nicht einen Cocktail gemixt hätte aus halluzinogenen Pilzen und Schlangengift. Aber sie war ja da. GOTT SEI DANK!

Mein Selbstwertgefühl hatte ich komplett verloren und suchte in all dem Chaos in mir die Schuld. Ich gestand alle Fehler ein, ich nahm alles auf mich, denn ich brauchte nicht im Außen zu schauen, so viel wusste ich bereits. War es doch mein Weg, war es doch mein Wille, genau diese Arbeit zu tun, war es doch mein Ungeschick, dass ich es nicht zuwege brachte.

In diesen Wochen und Monaten suchte ich immer intensiver die Verbindung zur Geistigen Welt, sprach zu den Meistern und Engeln, bat sie um Beistand und Hilfe. Ich kann nicht mehr sagen, ob ich noch normal schlafen konnte, oder ob ich die ganze Nacht heulte und zu den Geistigen sprach – es war der blanke Horror. Bei jedem Telefonat, das ich mit den Gläubigern führte, stand Saint Germain hinter mir und ließ seine violette Flamme in die Gespräche fließen (danke nochmals dafür, mein Lieber). Dabei arbeitete ich noch weiter – so, als sei nichts gewesen. Ich musste ja dadurch und den Schaden begrenzen. Es war mein Urvertrauen, das ich hatte, dass alles doch irgendwie noch gut ausgehen würde und die Geistige Welt mich nicht einfach so fallen ließe.

Als dann der Anwalt erschien, war es so weit. Ich dachte: Jetzt ist ALLES aus.

Nein, war es nicht! Wie durch ein Wunder begann ES neu, denn ich durfte alles behalten, was in meine Praxis gehörte. Ich musste zwar die eine auflösen, mit dem Ergebnis, dass ich später eine viel bessere Möglichkeit fand, wo ich ebenso wieder neu anfangen konnte. Dieses Mal blieben mir meine letzten, lieb gewonnenen Kunden treu! In all meinem Elend bekam ich doch solch eine großartige Chance und bin heute noch dankbar dafür – wie immer sich auch alles entwickeln möge.

So kam es, dass ich die tiefschürfenden Erfahrungen eines fast Existenzverlustes mit der Erleichterung, alles einfach loszulassen, vertauschte und neu begann.

Mein Vertrauen und meine Zuversicht waren in kurzer Zeit wieder völlig hergestellt (sehr wahrscheinlich bin ich eine Phönix-Natur). Verweht aller Ärger, alles Leid. Verblasst die Sorgen und Ängste um die existenzielle Siche-rung – transformiert in Saint Germains violetter Flamme und überstrahlt durch das Licht meines Herzens.

JA. Es hat geklappt, ich bin da nun hoffentlich! „durch" und kann mich voller Kraft endlich wieder den Dingen wid-men, für die ich gekommen bin. Im Rückblick auf diese Er-fahrungen im „offenen Gefecht" kann ich heute allen Bei-stand geben, die Ähnliches erleben – und das sind gewiss nicht wenige, wie wir tagtäglich in den Medien erfahren.

Liebe Brüder und Schwestern, die ihr euch durch sol-che und ähnliche Schicksalsschläge quält, gebt euch nie-mals auf! Verliert nicht das Vertrauen in euch selbst und in die Geistige Welt. Haltet durch und nehmt tapfer alles an, was euch auf euren Weg geführt wird. Es sind schwe-re Prüfungen, denen ihr euch unterziehen müsst. Haltet durch und habt den Mut, immer weiterzumachen! Denkt bitte daran, dass euer Seelenengel immer bei euch ist, euch schützt und hält. Es war schließlich euer Plan, den ihr hierher mitgebracht habt, in diese Zeit, in diesen Raum, denn alle anderen Inkarnationspläne von einem Leben in Erfolg und Reichtum waren leider schon verteilt. Ihr wart etwas spät dran bei der Vergabe – schließlich muss dieses ganze Dunkel ja auch durch irgendjemanden transformiert werden.

Es gibt begründete Hoffnung für alle, die dieses Leben führen und führten: Diese Art Inkarnationspläne sind mei-stens so ausgelegt, dass es die Chance einer jähen Wen-de zum umgekehrten Schluss gibt. Es heißt: Wenn sich die Welt vom Untersten zum Obersten kehrt (Polverschie-bung), kehrt sich das ganze Gefüge völlig um, und damit auch die entsprechenden Lebenssituationen. Entscheidet euch! Die nächsten Kapitel dieses Buches werden euch Aufschluss darüber geben, wie ihr eure schwierigen Situationen meistern könnt.

Vertikale Atmung – die göttliche Anbindung

Unsere Aura besteht bekanntlich aus einer Vielzahl von Schichten, die alle miteinander verbunden und verwoben sind.

Unser Chakrasystem hat nach alten Aufzeichnungen über hundert Energiewirbel, von denen wir meist nur die wesentlichen kennen und fühlen – zumindest bisher.

Das gesamte Energiesystem verändert sich fortlaufend, denn die Natur von Energie ist Bewegung = Schwingung.

„Nichts ruht, alles bewegt sich, alles schwingt", lehrt uns die hermetische Philosophie des alten Ägyptens im Kybalion – einem der bedeutungsvollsten Werke, das sich mit den hermetischen Gesetzen nach Hermes Trismegistos, genannt Thoth, befasst.

In all den Jahren unserer menschlichen Evolution waren die Chakren, die Energiewirbel, horizontal ausgerichtet. Das hatte mehrere gute Beweggründe. Durch diese Art des Energieflusses waren wir imstande, unsere duale Wirklichkeit besser zu erforschen. Da wir ja die göttliche Anbindung immer mehr vergessen wollten, um uns noch tiefer, noch getrennter zu erfahren und so intensiv einzutauchen in die Erforschung der tieferen Dimensionsschichten.

Nun aber, am Ende dieses Zyklus, im Übergang vom Fischezeitalter in das des Wassermanns, fließen wir soghaft zurück in die höheren Schwingungsebenen, in die

Verbindung mit dem Göttlichen. Das bezeichnet den Übergang von der Dritten in die Fünfte Dimension.

War es noch vor Jahren völlig normal, horizontal aus- und einzuatmen, so spüren wir mehr und mehr, dass es uns jetzt viel leichterfällt, hoch und tief zu atmen. Das hat seine Ursache natürlich in dem Prozess, in dem wir uns derzeit bewegen. Wir fließen im neuen Zyklus – seit hunderten, tausenden von Jahren nach jetziger irdischer Zeitvorstellung – wieder zurück zur Quelle. Und die Quelle ist der Urschöpfer, der Kosmos, Alles-was-ist.

Da wir Kinder der Erde und der Quelle sind, liegt es nahe, in dieser vertikale Anbindung zu atmen.

Das ist tatsächlich das gesunde, das geordnete Atmen. Denn beobachten wir die Magnetfelder von Pflanzen oder Tieren, können wir erkennen, dass sie in demselben Prinzip ein- und ausatmen – in einem geordneten magnetischen Strom.

Nun bleibt es uns überlassen, welchen Lehren wir folgen. Die vertikale Atemlehre besagt, dass wir den Strom der Energie aus der Quelle über das Kronenchakra einatmen, durch uns durch und über das Wurzelchakra in die Erde ausatmen, von dort verbindet sich der Strom mit Allem-was-ist und fließt zurück zur Quelle, von der Quelle wieder zurück in unser Kronenchakra. Die nachfolgenden Skizzen zeigen den genauen Verlauf des Atemstroms, der ja Energie ist.

Eine noch intensivere Art der Verbindung bekommen wir, wenn wir nach der Lehre von Kristallmensch tief in das kristalline Herz von Mutter Erde ausatmen, von dort wieder einatmen, durch uns durch in den Lichtkanal hinein, der entlang der Wirbelsäule fließt, und über das Kronenchakra ausatmen in den Kosmos hinein. Dieser Lichtkanal, auch genannt der Kanal des Metatron (nach Sabine Wolf), durchzieht unseren menschlichen Leib wie eine energetische Versorgungsleitung und bindet jeweils bei den beiden Quellpunkten Erde – Kosmos an. Dazu gibt es noch andere gute Atemtechniken, die auf den Seiten von www.kristallmensch.net in aller Ausführlichkeit zu lesen sind. Ich empfehle alle Bücher, Texte und die Meditationen von Sabine Wolf – eine der ganz großen Meisterinnen dieser Zeitperiode – in aller Ausführlichkeit von Herzen. Für mich ist es die detaillierteste, umfassendste und schlüssigste Lehre, die wir in der Neuen Zeit bekommen können.

Die Energien der Lektionen und Meditationen sind so hoch, dass bisher nur bestimmte entwickelte Seelen Zugang zu ihren Lehren fanden. Aber das ändert sich ziemlich schnell, dessen bin ich mir gewiss.

Praktiziert nun bestenfalls mehrfach täglich das vertikale, senkrechte Atmen zwischen diesen beiden Punkten. Ich habe in der Skizze gezeigt, welche Chakren dabei von Bedeutung sind. Durch diese Art der Atmung sind wir immer und überall innerhalb von Sekunden mit der Quelle verbunden. Wir gehen nicht mehr so leicht in die Anhaftung und haben durch die vertikale Positionierung unserer Chakren automatisch den inneren und äußeren Schutz aktiviert.

Früher, bei der horizontalen Atmung, standen die Chakren offen nach hinten und vorn aus dem Körper heraus.

Dadurch, dass wir im Kanal atmen, haben sich alle Chakren allein durch den Atemstrom neu ausgerichtet – so einfach geht das. Hierfür braucht ihr keine Extraunterweisung mehr. Die hohe Energie dieses Zeitabschnitts unterstützt jegliche Übung, die euch näher zurück zur Quelle führt. Macht es euch leicht, indem ihr euch dem Atemstrom hingebt, und schon geschieht die Neuausrichtung.

In dieser Weise zu atmen und zu leben bedeutet, mehr Energie aufzunehmen, mehr mit seinem Höheren Selbst und Allem-was-ist verbunden zu sein.

Diese Energie brauchen wir dringend, um unsere Aufgaben zu erledigen und die Hürden unseres Weges zu nehmen, um unsere Prozesse zu führen, und vor allen Dingen Ressourcen zu haben, damit wir in uns selbst an unseren Visionen und Wünschen arbeiten können – schlichtweg: manifestieren!

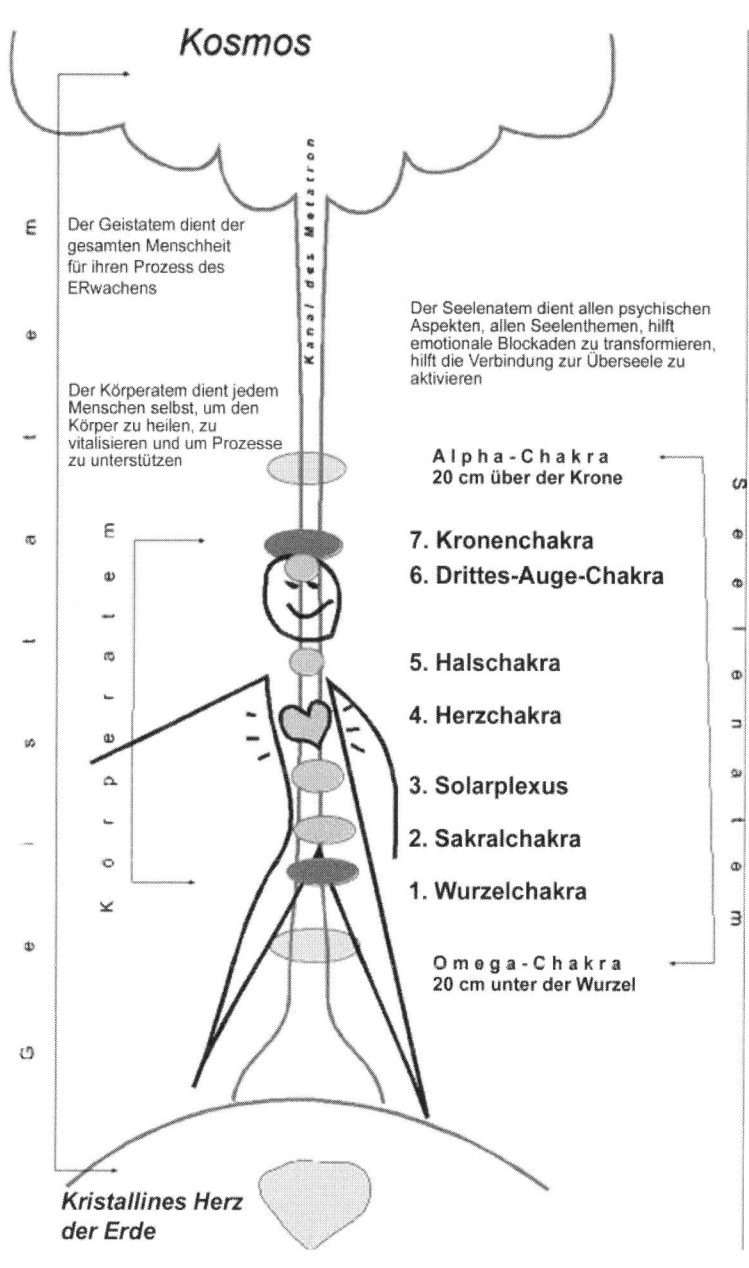

Kosmos

Der Geistatem dient der gesamten Menschheit für ihren Prozess des ERwachens

Der Seelenatem dient allen psychischen Aspekten, allen Seelenthemen, hilft emotionale Blockaden zu transformieren, hilft die Verbindung zur Überseele zu aktivieren

Der Körperatem dient jedem Menschen selbst, um den Körper zu heilen, zu vitalisieren und um Prozesse zu unterstützen

Kanal des Metatron

Alpha-Chakra
20 cm über der Krone

7. Kronenchakra
6. Drittes-Auge-Chakra

5. Halschakra
4. Herzchakra

3. Solarplexus
2. Sakralchakra
1. Wurzelchakra

Omega-Chakra
20 cm unter der Wurzel

Geistate
Körperate
Seelenatem

*Kristallines Herz
der Erde*

Empfange dein Höheres Selbst

Das Höhere Selbst, sozusagen unsere Seele, ist die Energie unseres Systems, mit der wir ganz dicht zusammen sein sollten. Durch die vielen Spaltungen unseres Wesens in die unterschiedlichsten Aspekte müssen wir erst wieder lernen, mit allen unseren Ebenen eins zu sein. Vielfach haben die Menschen den Kontakt zu ihrer Seele verloren, geschweige denn, dass sie deren Botschaften hören.

Das bedeutet, dass die meisten wirklich keine Ahnung haben, wie es sich anfühlt, wenn sie mit ihrem Seelenselbst verschmolzen sind. Passieren dann im Leben tragische Unglücke, schwere Unfälle, seelische Zusammenbrüche oder schlimme Operationen, kann sich diese Energie wiederum sehr weit vom Körperlichen abspalten. Das hat zur Folge, dass diese Menschen ihren Weg nicht finden, dass sie sich entwurzelt fühlen, oder immer ein ganzes Stück über der Erde schweben, im wahrsten Sinne des Wortes außer sich sind. Und da reicht Erdung nicht aus! Wir können es deutlich fühlen, wenn die Seelenenergie wieder voll und ganz mit unserem Körper verbunden ist.

Das ist eine der wichtigsten Übungen dieses Buches. Bitte lest die Anleitungen gründlich durch und folgt den einzelnen Schritten genau. Tut ihr dieses nicht, wird euch ein großer Teil eures Wesens verborgen bleiben.

Energiepraxis

- Setze dich bitte gerade und aufrecht hin.
- Atme senkrecht, aktiviere den Lichtkanal, der in der Mitte des Körpers, etwa vor der Wirbelsäule platziert ist.
- Verbinde dich nun nach unten, über die Wurzel mit dem kristallinen Kern der Erde, und nach oben, über das Kronenchakra mit dem kosmischen Mittelpunkt (Zentralsonne).
- Nimm Kontakt auf zu deinem Höheren Selbst.
- Öffne deine Krone und dein Herz weit, atme.
- Bitte jetzt die Energie des Höheren Selbst, sich wieder voll und ganz in deinen materiellen Körper zu integrieren.
- Achte darauf, dass du die Bewegung im ganzen Körper spürst, bis hinunter zu den Fußspitzen.
- Du solltest spüren, dass du warm durchflossen bist in diesem Moment, und dass du dich anders fühlst.

Wenn ihr es nicht deutlich fühlen könnt, dass ihr euch wieder mit eurer Seele verbunden habt, dann führt diese Praktik wirklich jeden Tag aus. Es ist nicht schwer und dauert nur einige Minuten.

Wenn die Seele lange Jahre außerhalb des Körpers schwebte, habt ihr immer wieder die Tendenz, sie euch entgleiten zu lassen.

Habt ihr dann immer noch das Empfinden, den Kontakt zu eurer Seele verloren zu haben, dann dürft ihr gern meisterliche Hilfe beanspruchen.

Gerade bei Heilenergieanwendungen ist es ratsam, die Menschen wieder mit ihrer Seele zu verbinden, wenn sie das akzeptieren. Ich tue dies häufig, weil die Energie sich bei vielen oft wieder hinausbewegt.

Ich habe die Erfahrung gemacht, dass, wenn wir verbunden sind, viel besser unser Leben gestalten können, immer die innere Führung haben und leichter Antworten auf die vielen Fragen in dieser Zeit finden.

Das Dunkel und die Spiegelgesetze

Für alles, was wir tun, bewegen, durchlaufen, benötigen wir immer Energie. Ohne sie erstarrt alles.

Nun – das Universum besteht zu 99,99 % aus Energie und nur zu 0,01 % aus Materie. Das erforscht die moderne Physik bereits in dieser Zeit. Selbst Materie ist nach Aufschlüsselung in klitzekleinste Bestandteile – nennen wir diese einmal Lichtquanten – nur noch elektromagnetische Welle, sprich Energie. Wieso passiert es so vielen Menschen in dieser Zeit sehr oft, dass sie über Energiemangel-Symptome klagen, wo doch das ganze Universum voll davon ist? Wieso können sich die Menschen nicht mehr selbst heilen, aufgrund mangelnder Lebensenergie? Ja, und wieso haben unzählige Alte und Kranke noch nicht einmal mehr Kraft zu sterben?

Natürlich ist das Universum voller Energie. Um uns herum fließt, wabert und funkt es nur so! Ich kann es sehen und viele andere auch. Das heißt nicht, dass ich das Energiefeld komplett sehe, aber ich sehe hin und wieder verschiedene Energien. Ich kann die Erscheinungen (Energie) der Engel manchmal sehen, wie sie hinter jemandem stehen, wenn wir zum Beispiel in einer schönen Meditation sind oder in einem Heilenergie-Seminar – und das nicht nur mit dem Dritten Auge, nein, mit meinen physischen Augen.

Es muss wohl offensichtlich an etwas anderem liegen, dass wir diese Energien nicht aufnehmen und in uns zirkulieren lassen können.

Es ist unser Bewusstsein! Nur unser Bewusstsein befähigt uns, die Energieströme zu vergrößern, die wir aufnehmen, die Kanäle noch weiter zu öffnen und noch mehr Energie zu bewegen.

Doch vielfach passiert genau das Gegenteil. Schaut euch die Menschen um euch herum an. Sehen sie aus, als hätten sie unbegrenzte Energie zur Verfügung? Nein, denn es hat etwas mit unserer Öffnung, mit unserer Entscheidung zu tun, wieviel wir tragen, bewegen und ausstrahlen können. Wenn die Kanäle offen und weit sind, fließt viel rein. Was herein- und auch herausfließt, bestimmen wir im Idealfall selbst, oder unser Unterbewusstsein tut das für uns. Genau mit diesen Energieflüssen sollten wir uns intensiv beschäftigen. Fließt etwas ohne unser Einverständnis zu oder ab, können wir das nun leicht ändern.

Ich gebe hier einige Beispiele.

In vergangener Zeit erlebte ich immer wieder, wie selbst erfahrene Meister des Lichts sich der Energien anderer bedienten. Mehrmals ist es mir selbst passiert, dass ich nichtsahnend einen Telefonanruf bekam und mich nicht nur einmal in wirklich sinnlose Diskussionen verwickelt fand, von denen ich heute noch nicht weiß, wie sie eigentlich zustande kamen. Am Ende des Telefonats ließ ich mich manchmal kraftlos fallen und fragte mich: Was ist passiert? Seit Jahren arbeite ich mit dem Pendel und teste nicht nur für mich, sondern auch für meine Familie, unseren Kater und für viele andere Menschen die besten Mittel, Essenzen oder Energien aus. Es ist mir ein Leichtes festzustellen, ob und wie sich meine Energien verändern. Tatsächlich wurden mir in solchen Augenblicken enorme Mengen an Energie geraubt. Und ich habe wirklich viel davon! „Vampirismus", dachte ich, und das von gestandenen „Heilern".

Ich erlebte es immer wieder – in Gesprächsrunden, auf Messen, bei einer Umarmung, auch innerhalb eines Lichtkreises, bei dem andere Heiler und Energieträger anwesend waren. Es waren meist dieselben, und ich hatte das Gefühl, dass sie sich mittlerweile mit mir beschäftigten, weil sie enorm profitieren konnten. Sie griffen mich persönlich an, stellten ihre Diagnosen über „meinen" energetischen Zustand – ungefragt und ungebeten selbstverständlich (mir geht es meist sehr gut, was viele meiner Klienten sicher in all den Jahren bestätigen können). Sie bekamen nicht mit, dass ich in diesem Fall ebenso ihr Spiegel war.

Sie hackten auf mir herum und bezichtigten mich der Arroganz und des Größenwahns, urteilten selbst über jedes meiner Worte (dabei bin ich ein ausgeglichener, netter Mensch – manchmal ein bisschen temperamentvoll). Dies ist ein beliebtes (mieses) Mittel, auch in spirituellen Kreisen, um jemanden sehr schnell auf ein niedriges Niveau zu bringen (ich sehe Schmunzeln), wenn, ja, wenn er in RESONANZ geht. Und ich ging in Resonanz, denn wie gesagt: Es sind noch nicht alle Leichen aus dem Keller im Licht, und das Dunkel, das sich in diesen Augenblicken durch uns bewegt, hat immer auch etwas mit uns selbst zu tun.

Vielfach sind jedoch auch diese sogenannten Energie-Vampire in den alten Energien steckengeblieben, in den alten Praktiken, die längst durch das veränderte höhere Schwingungsniveau ihre Wirksamkeit entbehren. Sie wollen mittlerweile nichts lieber, als dort wieder hinaus. Darum treffen sie gerade mit uns zusammen oder, besser noch: prallen zusammen. Doch so einfach ist es nicht, das spirituelle Ego ist schlau und gewandter als Egon, der Normalverbraucher! Da wieder herauszukommen, verlangt höchste Liebe, Licht, Hingabe, Ehrlichkeit zu sich selbst und manchmal eben einen erfahreneren Meister.

Jedenfalls hatte ich Anhaftungen, die auch sie mir wiederum spiegelten, was mich natürlich ärgerte. Wusste ich ja, dass sie zwar nicht auf der dreidimensionalen Ebene meine Meister waren, doch auf einer höheren Ebene auf jeden Fall. Genau wie ich ihr Meister bin, wenn ich ihnen etwas spiegele, damit sie daraus lernen können.

Ich machte mir Gedanken und ging tiefer in diese Gefühle hinein. Ich hätte meinen Schutz besser stabilisieren können. Ich hätte im vertikalen Atem bleiben müssen. Ich hätte mich im Herzen zentrieren sollen. Hätte, hätte, hätte...

Ja, aber es gibt eben auch für uns immer wieder Momente, in denen wir dieses vergessen, weil wir eben nicht perfekt sind, weil wir uns manchmal aus unserer Mitte reißen lassen, weil wir immer noch in RESONANZ damit sind. Es wird immer schwieriger, den Spiegel zu durchschauen, denn alles wird uns im Außen gespiegelt, alles, was wir im Innersten tragen, was wir verstecken und verdecken – manchmal jahrelang. Jeder, dem wir begegnen, im Guten wie im Bösen, ist unser Meister. Erkennt dies an.

**Jedes DU, dem ich begegne,
ist nur mein anderes ICH.**

So passiert es, dass gerade Lichtarbeiter sich gegenseitig sehr oft spiegeln, gerade weil ihre Energien kraftvoller sind als die der schlafenden Seelen, und weil sie auch auf Seelenebene die Verabredung getroffen haben, dass sie sich am Ende der Zeit an einem bestimmten Ort wiedersehen, um eben dieses oder jenes noch aufzuzeigen. Dadurch kommt jeder vorwärts, und es ist sehr kraftvoll, diese Energien zu transformieren. Leider bekommen es die wenigsten richtig mit und entziehen sich lieber dieser doch anstrengenden Phase ihres Prozesses.

Bei mir ging es noch weiter: Tiefschläge, Anfeindungen (ich war also reif für mehr). Tapfer habe ich das Dunkel transformiert, spürbarer denn je – für mich selbst. Es war manchmal sehr viel schwerer, als ich dachte.

„Macht euch darauf gefasst, dass euch die Dämonen der anderen anspringen werden", sagt Kristallmensch. (Leider.) „Denn ihr werdet immer mehr EINS mit ihnen, und so seid ihr auch EINS mit ihrem Dunkel."

Die alten Energien sind immer noch heftig und wirbeln um uns herum.

Macht euch also gefasst darauf, dass euch plötzlich und unerwartet eure Freunde in den Rücken fallen und ihr euch nicht erklären könnt, womit ihr das verdient habt, denn ihr habt doch immer nur das GUTE gewollt und getan. Ihr

41

habt ihnen vielleicht geholfen, vorwärtszukommen, die dicken Schwaden des Dunkels, die sie aus all ihren Berufs-, Lebens-, Familien-, Partnerschafts- und Krankheits(ab)-gründen zu euch schleppten, zu transformieren.

Macht euch ebenso gefasst darauf, dass ihr von lieben Gleichgesinnten vielleicht mit Desinteresse „belohnt" werdet, dass euer Tun mit einem Mal nicht mehr geachtet wird, euch manchmal sogar die Luft zum Atmen genommen wird (Husten)! Nach wie vor unterscheiden viele unserer Weltgeschwister nicht, welche Energien sie wirklich voranbringen und wohnen weiter sinnentleerten (auch spirituellen) Unterhaltungsrunden bei, statt eigene Tore zu öffnen oder Stagnationen in den Fluss zu bringen. (Das ist freilich viel anstrengender und unbequem obendrein.)

Es ist das Dunkel, das aus allem Löchern sickert, das uns durchdringt und andocken will – um jeden noch so (schein)heiligen Preis.

Scheinheiligtum ist ohnehin das Übel unter den Spielarten, denn wo sind sie heilig, wenn sie ihr Dunkel nicht ansehen wollen? Wenn sie nur ständig lächelnd durch die Lande schwelgen und nicht tief graben, obwohl es für sie Zeit ist, den Spaten in die Hand zu nehmen? Wahre Liebe, wahres Licht ehrt auch das Dunkel und ist bereit, es zu durchlichten, hindurchzugehen – auch auf die Gefahr hin, zu fallen und dass die Menge sich empört. Es ist nicht Liebe, die es schnell mit einem weißen Umhang zudeckt und damit versteckt. Wahre Liebe zeigt uns, wo wir hängen, gibt uns gelegentlich einen derben Stoß und streichelt uns NICHT noch die Wange auf dem Abstellgleis.

Mir zumindest tut es in der Seele weh, wenn ich euch Meister sehe, wie ihr euch stellenweise abmüht und vielfach immer noch Undank der Welten Lohn ist. Wie ihr von eurem Umfeld nicht genährt und unterstützt werdet, obwohl ihr auf höherer Ebene alles gebt. Das ist weit wertvoller und wahrer als der Preis, den ihr (wir) manchmal dafür verlangen (können). Ich meine euch, ihr Lieben, und ich meine damit auch mich. Ihr wisst, wen ich hier anspreche – es gibt viele unter uns, denen es so ergeht.

Und mir zerreißt es das Herz, wenn tolle Lichtprojekte selbst in den eigenen Reihen wenig anerkannt werden und viele Menschen immer noch materiell denken und handeln, indem sie ihr Geld für tausenderlei andere Dinge locker ausgeben (weil man es ja anfassen kann) und bei uns dann jeden Euro im völlig verdrehten Wertbewusstsein umdrehen, wo wir „ackern wie die Gäule", um sie mit immer neuen Ideen, neuen Kreationen, neuen Frequenzräumen zu begeistern.

Sehr wahrscheinlich sind sie alle übersättigt. Wir sättigen sie, und nun fühlen wir uns oft entleert, nicht wahr? Sie erkennen in dieser Zeit immer noch nicht den Wert der vertikalen Energiequalität und verweigern uns (und damit sich selbst) den gebührenden materiellen Ausgleich. Denn es gibt keinen besseren Tausch in dieser Endphase des Übergangs, als hochkarätig geistelektrische Kraft (5. Ebene) gegen die materielle Substanz (Geld) – also die bestimmende Energie der Dritten Dimension einzutauschen. Sie verstehen nicht, dass sie sich, indem sie an ihrem Geld kleben, auch der alten Energie zutiefst verschreiben.

Die Geldenergie will fließen – vor allem in die Neue Zeit! Es verblassen dann gute Projekte oder großartige Energieräume wieder, weil dieser Austausch noch nicht funktioniert. Das ist das Los vieler tapferer Lichtkrieger in diesen Endzeiten – leider.

Aber auch diese Hürden werden wir meistern. Dienen doch solche Unwägbarkeiten auch wieder einer neuen Ausrichtung, einer Wegkorrektur, und wir können uns noch mehr im freien Fließen üben.

Wir lenken so unsere Energien in neue Projekte, Visionen, treffen neue Entscheidungen, gewinnen unerwartete Erkenntnisse. Bleibt also flexibel und beweglich in jeder Hinsicht, denn es kommen noch eine Zeit lang große Wogen der Veränderungen und Neuerungen auf uns zu.

Meister, die ihr seid, lasst uns JETZT die Richtung wechseln! Lasst uns wieder Dinge tun, die uns selbst – unser Herz und unseren Geist – am meisten nähren, die uns selbst am besten bekommen!

Denn: Sei du selbst dir am wichtigsten, sei du selbst dein größter Freund und gib dich keinerlei Erwartungen hin, die von außen kommen sollen – es sind allesamt Illusionen, die zerplatzen wie Seifanblasen. Du selbst bist der Schöpfer und damit der wichtigste Mensch in deinem Leben.

Dämonen steigen auf

Am Schlimmsten traf es mich schließlich in einer sogenannten spirituellen Gemeinschaft in Süditalien, zu der ich
einige Male reiste, um Energien auszutauschen. Anfangs
war alles noch sehr neu und spannend, alle lächelten
sanft, führten ihre Rituale durch und hielten Vorträge über
ihre Philosophie und ihre Erkenntnisse über physikalische
Vorgänge oder andere wissenschaftliche Zusammenhänge. Wir alle tankten auf und machten gute Fortschritte, was
unsere eigene spirituelle Entwicklung anbelangte. Doch
mit einem Mal, als wir dann doch etwas tiefer eingetaucht
waren, konnte ich plötzlich sehr deutlich spüren, dass uns
anfangs kaum spürbar, später jedoch sehr heftig Energien
abgesaugt wurden. Ich kontaktierte alle hellsichtigen und
hellfühligen Meister, die in unserer Gruppe waren, und wir
tauschten uns untereinander aus. Schließlich erkannten
wir perfide, schwarzmagische Techniken und unterschwel-
lige Programmierungen, die bei uns angewandt wurden.
Vielfach hatten – so schien es uns zumindest – die Mit-
glieder dieser genannten Gemeinschaft nicht einmal eine
Ahnung, was sie da praktizierten, denn es waren ja nette,
oft sehr zurückgenommene, manchmal fast ängstlich wir-
kende Menschen.

Ich verstärkte meinen Schutz dreifach, lud alle Lichtwesen ein, auch den Rest der Gruppe zu schützen – und
trotzdem. Meiner Tochter wurde in diesem Moment ein
verschlungenes Implantat eingesetzt, um darüber meine
Energien abzuziehen, weil sie auf andere Weise nicht an

mich herankamen. Sehr ausgeklügelt, nicht wahr? Denn diese Wesen sind nicht interessiert an einfacher Vitalenergie oder Ähnlichem, nein, sie wollen die höher schwingenden spirituellen Energien absaugen. Warum? Weil sie steckengeblieben sind. In ihren Anschauungen, in ihren spirituellen Praktiken, in ihrem Wissen – mag es noch so mystisch und spektakulär sein. Sie befinden sich nicht mehr im Fluss, was bedeutet, dass sie nicht alle neuen Erkenntnisse und Energien zulassen und in ihre geistigen Entwicklungen einfließen lassen. Ein Großteil der Gruppe bekam dies zu spüren, indem sie massive Kreislaufbeschwerden und Herzattacken hatten. Mehrere sahen Implantate oder nahmen sehr dunkle Energien wahr – Zufall?

Wir wussten und fühlten es genau, weil wir selbst in vergangenen Inkarnationen mit von der Partie waren. Ja, wir waren größtenteils schwarzmagische Meister allererster Klasse. Atmet dies einfach mal ein und aus, liebe Freunde. Gerade diejenigen unter euch, die jetzt das Gefühl haben „jetzt reicht es" oder „nie im Leben – ich" und so weiter. Alle, die sich jetzt unwohl fühlen: Genau ihr wart dabei, um, ebenso im höheren Seelenvertrag festgelegt, andere Seelen in die Abgründe des Grauens zu führen!

Natürlich, aus der Seite des Lichts betrachtet, leisten auch diese Wesen heute ihren Judasdienst, indem sie uns durch ihre Handlungen lehren, Energien klar voneinander zu unterscheiden. Denn auch die Schatten sind aus der Liebe des EINEN entstanden. Und nur durch unser JA, durch unser Annehmen, kann das Dunkle weichen. Es nützt nichts, wenn wir dem Ungeliebten ängstlich aus dem

Weg gehen, denn dadurch bekommt es nur noch mehr Macht. Unsere „Schwarzwurzeln" sind es, unsere dunklen Anteile, die uns im Außen gespiegelt werden. Es sind höchste und schwierigste Herausforderungen, ebenso sind es aber auch unsere größten Chancen, um zu wachsen.

Dies sollte jeder von uns beherzigen, denn es zählt zu den „Grundlagen" eines Lichtmeisters, die ihr schließlich alle seid, sonst würdet ihr diese Zeilen nicht lesen (schließlich arbeiten wir ja nicht mehr nur mit dem Licht, sondern wir stehen im Licht. WIR SIND Licht und auch Dunkel, weiblich und männlich, YIN und YANG).

Aber selbstverständlich verdient die Energiearbeit ein vollkommen eigenes Kapitel, und nicht nur das – ganze Buchreihen.

Energetische Reinigung und Energieaufbau

Töne	Musik, Klänge, Tönen, Singen, Obertöne erzeugen oder hören.
Natur	Laufen, Bewegung an der frischen Luft, einen Baum umarmen, die Natur fühlen, mit ihr verschmelzen. Das ist sehr heilsam.
Erden	Mit Mutter Erde innigst verbinden, auf eine Wiese legen und tief in die Erde fließen.
Kristalle	Ein Kristallschädel zum Beispiel gilt als ein sehr gutes Energiedepot (ich gebe dazu Seminare, um die Verbindung zu intensivieren und die entsprechenden Tore zu öffnen, denn Kristalle sind unsere „Kinder"), aber auch jeder andere größere Kristall, der vorher in einer lichtvollen Umgebung stand, dient dazu, lasst euch einfach von eurer Intuition leiten.
Sonne	Die Sonne ist der größte Kraftquell allen Lebens, lasst eure Felder durchfluten und nehmt die Sonne in euer Herz.
Tiere	Nehmt euer Haustier in den Arm und lasst eure Liebe fließen, es geht sofort mit diesem Strom in Resonanz und verstärkt ihn sehr gerne für euch, denn die Tiere sind ja nur aus Liebe bei uns.
Wasser	Trinkt ein aufgeladenes, gereinigtes Wasser. Dazu könnt ihr die Blume des Lebens darunterlegen. Ich habe mir davon Untersetzer hergestellt, und das klappt prima. Ich trinke meistens auch während meiner Behandlungen immer wieder aufgeladenes Wasser.

Kristallschmuck	Wenn ihr zwischendurch keine Zeit habt, diese Dinge zu praktizieren, dann tut es auch ein schöner Kristallanhänger – nicht zu klein – der vorher aufgeladen wurde (Blume des Lebens zum Beispiel). Wichtig ist, dass ihr diesen sofort, wenn ihr negative Schwingungen aufnehmt, immer wieder abwascht, also täglich, wenn ihr ihn tragt, sonst verstärkt der Kristall auch das Negative.
Baden/Duschen	Ein schönes Bad in Kristallsalz oder Meersalz reinigt nicht nur bestens, sondern entspannt und gibt neue Kraft.
Essenzen/Mittel	Mittlerweile gibt es eine Reihe wunderbarer Essenzen als Aurasprays oder auch zum Einnehmen. Ich habe selbst die Regenbogen-Apotheke, mit 24 Mitteln und 12 Aura-Sprays entwickelt, wobei sehr hohe Schwingungen sofort ins System gegeben werden können. (Ich muss natürlich dazuschreiben, dass es unarzneiliche Globuli sind. Alles ist Energie!)
Farblicht	Kauft euch eine Farblichtlampe für die lichtarme Jahreszeit, oder nehmt einmal eine Serie Lichttherapie in Anspruch, es lohnt sich sehr – gerade für Lichtmenschen, denn wir bestehen bekanntlich aus Licht (Farben), Tönen und Formen.

Räuchern	Ein wundervolles Werkzeug, das alle alten Naturvölker praktizierten. Nehmt am besten weißen Salbei, das reicht vorerst völlig aus. Später, wenn ihr tiefer in die Materie vorgedrungen seid, könnt ihr bestimmte Harze und Kräutermischungen ausprobieren, es ist göttlich. Dazu nehmt ihr euch alle Chakren nacheinander vor, besonders die Wurzel, aber auch das Herz und die Krone. Räuchert euch rundherum ab und spürt hinein – der Rauch transformiert leicht alle negativen Schwingungen, auch in eurer Umgebung.
Düfte	Reine ätherische Öle sind ein sinnliches Erlebnis, sie können mit ihren Frequenzen wundervoll unsere Energie balancieren. Es sollte dabei eine hochwertige reine Qualität sein (arabische Qualitäten, geerntet und direkt gepresst oder naturreine Bioqualitäten sind dabei zu empfehlen).
Kunst	Kunstwerke – lichtvolle Bilder, Engel, Glücksbringer, Figuren, die eine gute Schwingung haben, helfen ebenso. Ich habe viele farbkräftige Kunstwerke erschaffen, die sehr hohe Schwingungen tragen. Wer mag, kann sich gerne auf meiner Seite einmal umsehen – die Drucke derselben sind ebenso energetisch hochwertig.
Behandlungen	Massagen, Energieanwendungen, Wellness und Entspannung jeder Art bauen uns wieder auf. Ja, auch lichtvolle Kosmetik kann wahre Wunder bewirken.

Alle diese Dinge helfen uns auf dreidimensionaler Ebene, doch sie haben niemals das Potenzial, bis in die Tiefe zu reichen. Das solltet ihr wissen. Wir können auf der sichtbaren und greifbaren Ebene der Illusionen und Begrenzungen der Dritten Dimensionen nicht in übergeordnete Morphogenetische Felder reichen, was jedoch benötigt wird, um wahrhafte Veränderungen der Matrix zu bewirken.

Dieses vermag nur die Ebene der alles durchdringenden Energie und darüber hinaus die Ebene des NICHTS – der Quantenraum.

Meditation	Genießt den Raum eures Wesens, eures Seins – vielleicht in Begleitung einer schönen Musik – und seid in Verbindung mit eurer Seele, die der größte Heiler und Weisheitslehrer ist, den es gibt.
Vertikal atmen	Der senkrechte Atem weist uns den Weg zurück zur Quelle, die tief in uns liegt.
Herzkristall	Zentriere dich in diesem Raum des Lichts, denn es gibt keine wertvollere Verbindung, als die zu dir selbst. (Unter kristallmensch.net findet ihr reiches Wissen über diese Themen.) Indem du dich tief auf das eigene Licht einlässt, kommst du in eine große Ausdehnung, mit der Veränderungen auf allen Ebenen einhergehen. DENKE nicht, sondern SPÜRE! FRAGE nicht, sondern WISSE! WOLLE nicht, sondern SEI! Das ist es. Und es ist so einfach, oder? Lass dich darauf ein, denn nur so kannst du die Führung deiner Seele erfahren. Es ist das große Geheimnis, es ist dein Universum, es ist das Alpha und das Omega, an dem alle Wege enden und an dem ALLES beginnt.

ICH BIN, DER ICH BIN.

An dieser Stelle möchte ich betonen, dass es keine stärkere Kraft gibt, um in uns selbst anzukommen, unser eigenes Licht (das bedeutet unsere hohe Seele) in unserem tiefsten Wesenskern zu berühren und uns voller Hochachtung und Liebe vor uns selbst zu verneigen. Die gerichtete Aufmerksamkeit auf unseren göttlichen Funken und das Verweilen im JETZT-Punkt des SEINS, das Eintreten in den Herzquantenraum ist die größte Energieübertragung, die stärkste Transformation, die wir erleben können. Es ist eine Lichtexplosion unseres Seins. Hier, in diesem Raum des NICHTS, sind wir immer auf Sendung, sind wir immer EINS mit der Quelle. In dem Nullpunkt des SEINS finden wir den Herzdiamanten, in dem wir die Matrix unseres Lebens neu formulieren können.

Nur – wir benötigen höchste Konzentration, um in diesen Raum einzutreten, weil wir uns sehr weit davon entfernt haben. Daher können so viele Menschen immer wieder Meditationen und Übungen durchführen und kommen nicht an diesen Punkt, da noch so viele Schleier dazwischen liegen. Insofern ist es völlig in Ordnung, wenn sie sich eine gewisse Zeit von anderen Meistern helfen lassen, die diese Erfahrung bereits genießen.

Das Lichtspektrum nutzen

Mir geht es während meiner Energiearbeit manchmal so, dass ich danach keine Lust habe, für mich selbst auch noch energetisch zu arbeiten. Ich möchte dann hin und wieder etwas Praktisches und Erdendes tun, oder mich mit anderen Mitteln und Möglichkeiten wieder in Balance bringen.

Selbstverständlich ist dies ein wichtiger Punkt unseres Seins. Obwohl mir klar ist, dass ihr vielleicht ebenso viel darüber wisst, ebenso eure eigenen Erfahrungen habt. Aber das ist ja gerade das Schöne in dieser Zeit, wir tragen gemeinsam unser Wissen zusammen, und so entsteht Neues, ergeben sich andere Sichtweisen, neue Wege und Möglichkeiten.

Es gibt ein großes Arbeitsspektrum für die energetische Reinigung wie auch für den Energieaufbau.

Nehmen wir als Beispiel die Engelenergien – eine spezielle, hochgeordnete Energiematrix–, die uns immer zur Verfügung stehen und uns helfen, schützen und begleiten. Wo immer wir sind, sind sie längst da. Sie warten nur darauf, dass wir ihnen unser Herz öffnen und ihre Liebe annehmen.

Ihre Zahl ist schier unbegrenzt, und ich habe wirklich schon sehr viele von ihnen empfangen und fühlen dürfen, wofür ich sehr dankbar bin.

Da es bereits unzählige Engelbücher gibt, die detailliert beschreiben, wie die lichtvollen Wesen mit und durch uns arbeiten, werde ich die einzelnen Engel nur kurz beschreiben.

Zur Erinnerung:

Alles ist Frequenz, das gesamte Universum, aber auch jeder Baum, jeder Stein, jeder Mensch besteht aus einer Vielzahl von Frequenzen. Genauso tragen die einzelnen Lichtwesen sehr hochgeordnete Frequenzen, die uns in unserem Entwicklungsprozess sehr behilflich sein können. Wir nehmen aber nur den Teil auf, für den wir uns bereits öffnen können. Würden wir das gesamte Lichtspektrum eines Engels aufnehmen, würden wir sofort verglühen, weil wir diese Schwingungen niemals aushalten könnten. Und so kann jeder fühlen, wie weit er mit den entsprechenden Energien in Resonanz geht, und darf sich dabei sicher sein, dass er immer nur genauso viel aufnimmt, wie er in seinem jeweiligen Entwicklungsstand verkraften kann. Durch die Aufnahme der Energien oder Informationen (beim Channeln zum Beispiel) werden wir immer mehr durchlichtet und kommen in unsere nächste Stufe des Lichtkörperprozesses.

Mit der Aufstellung der Erzengel bekommt ihr eine kurze Zusammenfassung, mit der ich auch seit Jahren erfolgreich arbeite. Die Informationen der nachfolgenden Seiten bekam ich vielfach aus den Büchern von Doreen Virtue, Jeanne Ruland und aus eigenem kanalisiertem Wissen.

Die Erzengel

Erzengel Michael

Schutz und Führung – königsblaue Heilflamme

Kosmischer Lehrer und Lenker unseres Bewusstseins, er steht für Energie, Vitalität, Mut, Tapferkeit, Lebensaufgabe, Motivation, Reinigung und Klärung von Räumen physisch und spirituell, Freisetzung gebundener Seelen und Wesen durch seinen Lichtkanal.

Selbstachtung und Selbstwert, Integration der Energien in die Lebensmatrix, insbesondere DNS.

Erzengel Raphael

Engel der Heilung – smaragdgrüne Heilflamme

Heilung des physischen Körpers von Mensch und Tier, Engel der Heiler, hilft bei der Öffnung des Dritten Auges, Reduzierung von Süchten und Verlangen, Hellsichtigkeit, Wiederfinden entlaufener Haustiere, Schutz auf Reisen.

Erzengel Uriel

Frieden und Ruhe – zartgelbe Heilflamme

Weisester Erzengel, Alchemie, göttliche Magie, Problemlösung, Prüfungen, Wetter, Naturkatastrophen, Frieden, Dienst am Nächsten, spirituelles Verständnis, schriftstellerische Tätigkeit.

Erzengel Gabriel

Vision, Inspiration – kupfergoldene Heilflamme

Empfängnis und Fruchtbarkeit, künstlerische Projekte,

Journalismus und Schreiben, Arbeit bei Fernsehen und Radio, Deuten von Träumen und Visionen, Berufung.

Erzengel Jophiel
Kunst und Schönheit – gelbe Heilflamme
Harmonie und Schönheit in den Gedanken, künstlerische Projekte, Inspiration, Freude, Harmonie im Alltagsstress.

Erzengel Chamuel
Beziehungen – rosa Heilflamme
Seelengefährten finden, Trost, Lebensaufgabe, verlorene Gegenstände wiederfinden, Selbstliebe.

Erzengel Zadkiel
Vergebung, Gnade, Toleranz – violette Flamme der Transformation
Mitgefühl, Rechtschaffenheit, hilft, negative Energie in positive zu transformieren, emotionale Heilung, verbessert Erinnerung.

Erzengel Ariel
Unschuld, Reinheit – rosa Heilflamme
Schutz der Natur, Umwelt, Gewässer, Manifestation, göttliche Magie, Unterstützung in Zeiten der Not und schwerer Lebensprüfungen.

Weitere wichtige, uns bekannte Engel

Erzengel Raziel
Engel der Geheimhaltung
Verständnis für esoterische Informationen und Konzepte der heiligen Geometrie oder der Quantenphysik sowie komplexer Informationen, hilft auch bei Manifestationen, öffnet höhere Ebenen.

Erzengel Raguel
Vermittlung, Konfliktlösung
Verteidigung aller ungerecht Behandelten, unterstützt Benachteiligte, Ordnung, Hilfe in geschäftlichen Angelegenheiten, Zusammenarbeit und Harmonie in Gruppen und Familien.

Erzengel Jeremiel
Gnade Gottes
Inventur des Lebens, Lebensrückblick und Veränderungen, prophetische Visionen, hilft der Seele, sich im Körper zu verankern und auf der Erde zu sein.

Erzengel Haniel
Ruhm Gottes
Anmut ins Leben bringen, Mondenergie, Gelassenheit, Geduld, Zentriertheit, außersinnliche Fähigkeiten.

Erzengel Azrael

Der, dem Gott hilft

Tröster der Sterbenden und Hinterbliebenen, hilft der Seele des Sterbenden beim Übergang in die höheren Reiche, materieller, emotionaler und spiritueller Beistand.

Erzengel Nathanael

Dem Gott gibt

Engel der menschlichen Evolution, wirkt mit Engelgruppen im Dienste des Erwachens.

Erzengel Sandalphon

Hüter der Erde, der Elemente

Trägt menschliche Gebete zu Gott, Engel der Musik.

Engel der Fülle

Helfen, Fülle ins Leben zu ziehen – nicht nur im materiellen Sinn, sondern vor allem, Erfülltsein zu leben.

Engel des Geldes

Geben Unterstützung bei allen Geldangelegenheiten, aktivieren Geldfluss, Manifestationen.

Kosmische Wesenheiten

Lichtfürst Metatron

Oberhaupt der Erzengel und Elohim – goldenes Licht, Herr der Sonnensphäre

Hütet unsere Engelgegenwart, hilft bei der Öffnung zum Geistigen, hilft bei der Rückkehr des Menschen ins geistige Universum, Lichtkörperprozess.

Melchisedek

Kosmischer Priester, Orden des Melchisedek

Kosmische Operationen, Manifestation, innere Reinigung, Schutz vor übersinnlichen Angriffen, Wissenschaft der Farben, Regulierung aller Energien, stärkt Intuition und Fähigkeit der höheren Wahrnehmung.

Lady Gaia

Geist dieser Erde, Erdung und Anbindung an die Neue Erde

Klärt, aktiviert untere Chakren, gleicht Frequenzdefizite des elektromagnetischen Spektrums aus, fördert Manifestation und Materialisation.

Thoth

Ägyptischer Gott der hohen Magie, atlantischer Hohepriester

Göttliche Magie, Erkennen und Verwirklichen der Lebensaufgabe, Mathematik, Prophezeiungen und Voraussagen, außersinnliche Fähigkeiten, heilige Geometrie, Lehren, Schreiben.

Lord Krishna

Achte Inkarnation von Gott Vishnu

Überbringer von Freude und Glück, Reinigen und Segnen von Nahrung, Gärten, Felder, Blumen, Beziehungen, Liebesbeziehungen, spirituelles Erwachen.

Lakshmi

Göttin für Glück und Fülle

Anmut, Schönheit und Ästhetik, andauerndes Glück, Manifestation, spirituelle Reinigung von Häusern und Räumen.

Merlin

Zauberer und Alchemist (damals am Hofe von König Artus)

Hilft uns in der Alchemie, bei der Arbeit mit Kristallen, göttlicher Magie, Energiearbeit und Heilung, Prophezeiungen und Vorhersagen, außersinnlichen Fähigkeiten, Verwandlung der äußeren Erscheinung, Beeinflussung der Zeit.

Einhörner

Einhörner sind sehr hoch schwingende Wesen und entstammen der Siebten Dimension. Die Energie der Einhörner ist stark transformierend, und ihnen werden enorme Heilkräfte zugesprochen. Sie entstammen dem höchsten Licht und sind die Liebe selbst. Wo sie sind, wird die Schwingung augenblicklich angehoben, alte Strukturen brechen auf. Sie helfen uns auch mit ihrer Kraft, in die Fülle zu kommen, unterstützen weiße Magie, Zauber.

Sri Babaji
Mahavatar – unsterblich
Überwindung von Süchten und Verlangen, Atemarbeit,
Kriya-Yoga-Praxis, klare Kommunikation mit Gott, Mani-
festation, Loslösung vom Materiellen, Vereinfachung des
Lebens, spirituelles Wachstum.

Atlantische Priester
Soana – Priesterin für Fülle und Reichtum
Hilft bei Blockadenauflösung hinsichtlich Mangeldenkens,
gibt Unterstützung, um Wünsche zu kreieren (es gibt viele
weitere).

Aufgestiegene Meister –
Weiße Bruderschaft

Wenn wir die Engel oder Aufgestiegenen Meister anrufen, dann treten sie mit uns über ihre Schwingung, über ihre Frequenz in Kontakt. Das zeigt sich bei den meisten Menschen als Gänsehaut, als ein warmes, angenehmes Gefühl oder aber als eisiger Schauer, wenn wir hohe kosmische Wesen empfangen. Die Strahlen, mit denen die geistigen Hierarchien arbeiten, sind nichts anderes als Frequenzbereiche, eine energetische Matrix, oder Energiequalität, die für bestimmte Aufgaben erschaffen wurde.

El Morya
Lenker des ersten Strahls – Blau
Wille Gottes, Macht, Stärke, Selbstvertrauen, Entscheidungen, Vertrauen, Erdung und Zentrierung, Schutz – energetisch und geistig.

Konfuzius
Lenker des zweiten Strahls – Goldgelb
Alte Weisheit, Erkennen des göttlichen Plans, Erleuchtung, geistiges Wachstum.

Lady Rowena
Lenkerin des dritten Strahls – Rosa
Freiheit, Toleranz und göttliche Liebe.

Serapis Bey
Lenker des vierten Strahls – Weiß
Reinheit, Disziplin, Plan, Aufstieg, Stärke, Süchte, Reinigung, kreativer Bereich, Prophezeiung, Frieden – innen und außen.

Hilarion
Lenker des fünften Strahls – Grün
Konzentration, Wahrheit, Heilung, Entspannung, inneres Sehen.

Lady Nada
Lenkerin des sechsten Strahls – Rubinrotgold
Frieden, Harmonie, Dienen, Heilung.

Saint Germain
Lenker des siebten Strahls – Violett
Flamme der Transformation, Karmaauflösung, Alchemie, Manifestation, Kommunikation mit autoritären und einflussreichen Personen, Lebensaufgabe, Vergebung, Hingabe, Umwandlung.

Maha Cohan
Lenker des achten Strahls – Aquamarin
Klarheit, Unterscheidungsvermögen.

Lord Sananda
Lenker des neunten Strahls – Magenta
Ausgleich, Harmonie, Gleichgewicht, Heilsein.

Kuthumi
Lenker des zehnten Strahls – Gold
Ruhe, Fülle, Reichtum, Geborgenheit, Sicherheit, Lebensaufgabe, Fokus, Konzentration.

Maitreya
Lenker des elften Strahls – Pfirsich
Freude, vollkommener Plan, göttliche Aufgabe, Erleuchtung, Aufstieg, Frieden, liebevolles SEIN.

Sanat Kumara
Lenker des zwölften Strahls – Opal
Wiedergeburt, Umwandlung, Transformation des Egos, spirituelles Wissen, Erleuchtung, Kraft, Macht, Freisetzung gebundener Geister.

Djwahl Khul
Aufgestiegener Meister – Goldgelb
Stille, Gelassenheit, Selbsterkenntnis als Heilung, Astrologie, zeitlose Wahrheit, hilft, eigene Heilkraft zu entwickeln.

Kwan Yin
Aufgestiegene Meisterin – opalisierende Heilflamme
Hüterin des Lotus, liebevolle Weiblichkeit, Heilung durch die Kraft der Liebe, Selbstliebe, Mitgefühl, weibliche Anmut und Schönheit, Sanftmut, Empfangen und Geben von Liebe, Schutz von Frauen und Kindern, Singen, geistige Gaben, Erleuchtung, Hellsichtigkeit.

Mutter Maria
Königin der Engel – Grün
Wohl der Kinder, Erziehung in Weisheit und Liebe, Herzensqualitäten, Weichheit für harte Charaktere, Indigo- und Kristallkinder, Fruchtbarkeit, Barmherzigkeit, Unterstützung aller, die Kindern helfen, Heilung.

Lady Portia
Aufgestiegene Meisterin – Silberviolett
Lemurische Priesterin im Tempel der großen Göttin. Einklang mit Mutter Natur, Tod und Wiedergeburt, Erneuerung der Energien, Torhüterin, Wandlung, Einweihung.

Grüne Tara (Tara = Stern)
Aufgestiegene Meisterin – Grün
Schnelle Göttin, Schutz, Mitgefühl, Entfernung von Fremdwesen aus dem Energiefeld oder aus Räumen, Notfälle, Überwindung von Angst, Verständnis und Einsicht, schnelles Geld. Anrufung: Om Tare Tuttare Ture Svaha.

Weiße Tara
Aufgestiegene Meisterin – Boddhisattva – Himmelblau
Erleuchtung, Langlebigkeit, auf Reisen, Schutz, Mitgefühl.

Ich gebe hier lediglich eine kurze Zusammenfassung aus mehreren Engelbüchern. Wer dies vertiefen möchte,– in der Literaturempfehlung im Anhang sind einige Werke aufgeführt.

(Informationen zu den Aufgestiegenen Meistern, Engeln und Wesenheiten teilweise entnommen aus „Die 12 göttlichen Strahlen" von Claire Avalon, „Gegenwart der Engel", „Das große Buch der Engel" von Jeanne Ruland und aus dem Internet.)

Die Geistigen sind HIER

Das sind wahrlich nicht alle Lichtkräfte, die wir bisher kennen. Jedoch sind es die bekanntesten, mit denen ich bereits häufig gearbeitet habe.

Ich kann jeden nur ermutigen, zur Tat zu schreiten (wenn ihr nicht selbst bereits professionell damit arbeitet), um sich in den schwierigen Lebenssituationen nicht mehr alleine abzumühen.

Selbstverständlich führt euch jeder Meister, der diese Schwingungen kanalisieren kann, immer in eine noch tiefere Verbindung – überträgt ein größeres Frequenzspektrum, als es für euch allein am Anfang möglich sein wird. Und vor allen Dingen: Ein wahrer Meister nimmt euch viel von dem Dunkel ab, dass ihr sonst selbst transformieren würdet. Deshalb sucht euch die entsprechenden spirituellen Wesen, die in der Lage sind, die wundervollen Vibrationen der Engel und Meister mit euch zu teilen. Auch mit anderen Menschen, die ähnlich interessiert sind, können wir höhere Schwingungsräume generieren. Ich spüre das bei unseren Meditationen oder Seminaren sehr deutlich.

Es beginnt in dem Moment, in dem sich mehrere Wesen absichtsvoll zusammenschließen. Ihr kennt die Worte von Jesus Christus: „Wo zwei oder drei in meinem Namen versammelt sind, da bin ich mitten unter euch!" Genau das ist es, liebe Freunde, es braucht in dieser Zeit nichts mehr als die klare Absicht, und es werden sich wundervolle Dinge ereignen. Es ist einzig unser Herz, das in der Lage ist, die größten Energieströme durch uns zu leiten und ideal in unser aurisches Feld und weit darüber hinaus zu lenken. Das Herz, und damit vorwiegend die Fähigkeit, zu lieben, Gefühle auszudrücken und zu empfinden, ist unser Geschenk hier in unserem Leben, auf Mutter Erde.

Die Arbeit an uns selbst ist die größte Aufgabe. Es ist das Wichtigste überhaupt. Denn WIR leben jetzt hier. Und leben bedeutet nicht arbeiten, um Geld zu verdienen, es bedeutet nicht, sich mit ein und demselben Partner bis ans Ende des Lebens zu quälen, oder auf Lebenszeit immer den gleichen Job zu tun. Es bedeutet, sich zu erfahren – in allen Facetten, die das Leben zu bieten hat. Selbstverständlich kann es sein, dass wir zufälligerweise genau den Job machen, in dem wir vollkommen aufgehen, kreativ sein können, der uns erfüllt. Es kann sein, dass wir zudem noch einen liebevollen Seelenpartner an unserer Seite haben, der uns genau die Freiheit lässt, die wir zu unserer Entwicklung brauchen, aber das ist doch nicht Alltag eines jeden Menschen, oder?

Wie viele arme Wesen schuften in tiefstem Leid und in Unterdrückung und Ausbeutung noch auf diesem Planeten? Wollen wir doch mal ehrlich sein: Sind wir nicht hier in Mitteleuropa sehr privilegiert, dass wir so leben und auch unsere spirituelle Entwicklung so voranbringen können? Glaubt ihr nicht auch, dass ein Arbeiter einer Silber- oder Goldmine (und anderer Bodenschätze) am Ende des Tages nur noch eines will – ausruhen? Dass zum Beispiel ein bettelarmer Afrikaner, Inder, Afghane, Russe, Chinese (wir könnten die Reihe unendlich fortführen), der kaum Wasser und Essen hat und seine Kinder nicht versorgen kann, nicht unbedingt sein spirituelles Fortkommen im Sinn hat? Bedeutet das, dass ein großer Teil der Menschen überhaupt keine geistige Entwicklung vollziehen konnte – bisher? Ja und nein. Aufgrund der Tatsache, dass höchste kosmische Energien seit Jahren auf den Planeten strömen, können wir davon ausgehen, dass jedes Wesen der Erde hiervon berührt wurde und auf seinem Weg ist, wie auch immer dieser aussehen mag.

Es gibt Menschen, die lieben Dramen! Oft wurde ich Zeuge von Unterhaltungen, in denen einer der Partner zugab, dass es auch irgendwie schön ist, einmal traurig zu sein. Natürlich, denn dadurch öffnen sich wiederum ganze Seen von blockierten Gefühlsmustern und dürfen endlich herausfließen – mit den Tränen nämlich. Ähnlich schaut es aus bei den „beliebten" Krankheiten. Was würden manche Menschen machen, wenn sie noch nicht mal mehr von IHREM Arzt wichtig oder ernst genommen würden?

Wäre es nicht wundervoll, wenn alle, die in Verzweiflung sind, nun immer geistige Hilfe erbitten würden?

Zu den Geistigen gesprochen: Es ist schön, dass ihr da seid, liebe Engel, liebe Meister und liebe geistige Familie. Ich liebe euch über alles, und mein Herz zerfließt jedes Mal, wenn ich mit euch im intensiven Dialog bin. Natürlich gibt es Wesen unter uns, die viel präziser und ausführlicher eure Botschaften hereinbringen als ich. Doch ich bin jetzt genau hier.

Ihr selbst ermutigt mich immer wieder, es zu tun, denn ich spüre den Druck auf der Schulter, ich spüre den Stups zum Computer und dass mein Herz immer voller wird, ich

fühle, dass ich etwas „rauslassen" soll, mit euch gemeinsam – ich male meine Bilder mit euch, und ich bringe eure
Symbole, Farben oder Worte darin unter – ich übertrage
eure Strahlen in meinen Meditationen oder während der
Heilsitzungen, und nun bin ich frohen Mutes, dass ihr mir
bei diesem Buch assistiert – es war ja schließlich nicht
allein meine Idee...

Neues Paradigma?

Als ich vor vielen Jahren mit der Energiearbeit begann (zuerst Reiki 1 bis Meister/Lehrer), wurde ich zu verschiedenen großen Medien und Heilern geführt, die mir Werkzeuge gaben, Techniken übertrugen, wohlgemerkt ohne Worte, war alles noch ganz anders. Es ging noch Schritt für Schritt vor sich, gemächlicher als heute. So kam ich damals durch eine Hellseherin in Verbindung mit Erzengel Michael, der am Anfang einer Ära von Meistern, Engeln und Wesenheiten stand, die sich für mich erst in den darauffolgenden Jahren vollständig öffnen sollte.

So sah und fühlte ich später die violette Flamme und Saint Germain. Es kam die smaragdgrüne Heilenergie von Erzengel Raphael dazu usw. Zwischendurch beschäftigte ich mich mit Bewusstseinsarbeit bei Avatar, Meditations- und Trancereisen, Kriya-Yoga und noch vielen anderen Dingen, bis ich dann noch weitere der Aufgestiegenen Meister fühlte: Sananda, Mutter Maria, Lady Nada, Djwahl Khul, Thoth, Kuthumi, Maitreya und viele andere Wesen. Als ich also damals mit der Energiearbeit begann, war mir wahrlich nicht klar, welch großartiger, aber schwieriger Weg sich vor mir entfalten würde. Anfangs glaubte ich tatsächlich, ich rufe Symbole, lege die Hände auf, und der Mensch wird wieder heil (nicht sofort, klar).

Ich weiß, manche glauben das heute noch, leider. Das ist einer der Gründe, warum bestimmte Techniken und Symbole nicht mehr annähernd so kraftvoll sind, wie in früheren Jahren. Ein anderer Grund ist, dass wir alle sehr viel weitergekommen sind in unserem Bewusstsein, unseren Frequenzspektren, und somit unser Feld ausgedehnt haben. Dazu bedurfte es intensiver Arbeit an uns selbst – über Jahre.

Wenn ich nun allerdings schulmedizinisch ausgebildete Ärzte oder Therapeuten sehe, wie sie sich die Schilder für Energiearbeit oder Bioenergetik schnell an ihre Praxistüren klemmen (vor wenigen Monaten haben sie sich noch lächelnd weggedreht – heute bieten sie Heilsitzungen an), ja, was läuft da? Sieht so das neue Paradigma aus? Mir wurde während meines Naturheilkundestudiums von verschiedenen Ärzten immer wieder angetragen: „Die Heilpraktiker sollen schön bei ihren Leisten bleiben, sie haben doch in Wahrheit überhaupt keine Ahnung!" Genau an dieser Stelle hing dann ein Monat später ein Schild für „Naturheilkundliche Therapien" als Igel-Leistung (oder so ähnlich) an der Tür. Apotheken streichen sich grün an und machen auf Homöopathie, und wenn ich nachfrage, kommt die Auskunft: „Da helfen die Kügelchen nicht, da müssen Sie etwas Richtiges einnehmen!" In der Physiotherapie steht plötzlich neben dem üblichen Massageangebot: Heilung durch Reiki – eine Stunde 25,00 €!

Was ist das, was passiert da gerade mit der wertvollen Heil- und Bewusstseinsarbeit? Kommt jetzt jeder daher und überlegt sich: Ab morgen heile ich mal ein bisschen rum? Es ist doch gerade der Weg jeder Seele, die sich entwickelt und ausgedehnt hat, um so das entsprechende Spektrum zu besitzen, die tiefgründige Erfahrungen durchlaufen musste, um sich selbst zuerst zu klären und zu ordnen – ja, und auch psychisch wie physisch zu heilen (von durchlaufenden Lichtkörpersymptomen mal ganz abgesehen).

Wie ich finde, gibt es tatsächlich sehr große Unterschiede in den Frequenzübertragungen. Ich selbst habe Meister kennengelernt, deren Intensivübertragung noch ein halbes Jahr nachwirkte, weil allein ihr Feld einen so hohen Lichtfaktor hatte, dass es mich gehörig durchdrehte. Das gibt es – klar!

Es gibt plötzlich immer mehr vermeintliche, selbst ernannte spirituelle Lehrer und Coaches, die große Worte führen und drauf loslehren, jedoch nicht im Geringsten energetisch etwas zuwege bringen.

Deshalb ist es wichtig und gut, das Gefühl, das eigene Empfinden zu bemühen. Passiert wirklich etwas, spüre ich den Energiefluss, was verändert sich?

Dabei meine ich nicht unsere geliebten neuen Seelen, die mit großen Potenzialen gesegnet sind und in den letzten Jahren inkarnierten. Darunter gibt es sehr viele Lichtmeister – allein durch ihren Seelenauftrag. Ich meine hier eher die Menschen, die noch in der alten Energie feststecken, oder sich nur aus materiellen Beweggründen das Naturheil- oder Energiegewand überstreifen. Ist ja schick, ist ja angesagt.

Das gesamte energetische Gefüge hat sich enorm verändert, alles ist im freien Fließen und verändert sich jede Minute. Wir arbeiten heute mit hochfrequenten kosmischen Schwingungen. Das hat natürlich etwas mit unserem Bewusstsein zu tun, denn wir haben unzählige andere Frequenzen bereits durchlaufen, und das ist der

Unterschied. Wenn ich es anhand der Bovis-Skala (Energieskala, nach der früher Energiewerte mit Pendel oder Tensor gemessen wurden) festmache, dann war ich selbst mit Reiki 1 bei etwa zwölftausend Bovis, Reiki 2 rund zwanzigtausend Bovis und Meister/Lehrer bei rund einhunderttausend Bovis. Ist doch klar, dass sich diese Skala völlig erübrigt hat in der heutigen Zeit.

Was meint ihr, wie teilweise die neuen Kinder schwingen, die fit und gesund sind? Das geht manchmal bei fünftausend los, und wenn sie einige Übertragungen hatten, sind sie sehr schnell auf noch viel höherem Niveau. Die sprengen diese Skala völlig.

Ich habe aufgrund der vielen Shifts eine neue, eigene Skala angefertigt, die sich nicht mehr auf Bovis bezieht, sondern die Vitalenergie anzeigt. Jeder kann sich dabei selbst testen und diese frei nutzen – ohne Richtlinien, denn diese sind ebenso überholt. Wie wollte sich denn Mutter Erde in die nächste Ebene bewegen, wenn sie keine Schwingungserhöhung durchlaufen würde?

Die alte Energie hat nun längstens ihren Zweck erfüllt, schwingt euch auf zu neuen Ebenen. Stellt euch die Amplituden der Energien mal vor, die alten Energien hatten demnach eine lange, flachere, weiche Amplitude (Kurve), und die heutigen Energien, daher sprechen wir ja auch von der Neuen Energie – sie haben steile, enge Kurven. Es kommt also hochfrequent herein, und wir können in kürzerer Zeit weitaus mehr durchlichten, als mit der sogenannten Alten Energie.

Ich möchte nun keinesfalls die Reikijaner verunsichern, war ich doch selbst einer. Doch möchte ich jedem zu bedenken geben, dass ein bestimmtes Symbol, Gebet, Mantra, auch Runen oder Ähnliches, uns mit der entsprechenden Frequenzebene verbindet, in der es entstanden ist. Viele kommen dann natürlich mit der Erklärung: Wir arbeiten doch auch mit universeller Energie. Ja, klar. Das tun wir alle, das Universum ist groß! Nur bindet sich derjenige, der mit entsprechenden Symbolen, bestimmten Mantren arbeitet, in die alte, niederfrequente Energieebene ein. Das ist genauso, wenn wir uns in ein spezielles Kraftfeld einloggen – wir bleiben dann auf dieses Kraftfeld „beschränkt" und arbeiten dann ausschließlich mit dem (vielleicht) langsamen Spektrum dieses Kraftfeldes.

Selbstverständlich können wir uns auch direkt mit der Quelle verbinden (ohne Symbole, versteht sich), doch das ist dann meiner Ansicht nach kein Reiki mehr. Alle alten Energieformen, auch Reiki, waren Kraftfelder, die von der Geistigen Welt für die Menschheit geöffnet wurden, um den Bewusstseinsprozess auf breiter Ebene einzuleiten. Das hat wunderbar geklappt. Die Menschheit hätte es gar nicht ausgehalten, wenn sie bereits damals mit solch hohen Lichtwellen geflutet worden wäre. Dies musste ganz allmählich geschehen, sonst wären wir schlicht verglüht.

Und so kommen immer neue Strömungen herein und dienen der Menschheit, ihr Resonanzgefüge zu erweitern.

Wie ist es mit Deeksha? Eine wunderbare Energie, die in großen Wellen zu uns hereingeflossen ist, die ganze Stadien (Fußballweltmeisterschaft) aufgeschwungen hat und für die gesamte Nation einen unschätzbaren Wert hatte und hat. Nur – erleuchtet hat sie uns (noch) nicht. Geistig weitergekommen sind wir, ja. Ich habe an Festivals teilgenommen, innerhalb dieser wir an drei Tagen etwa vierzig Deekshas von unterschiedlichen Deeksha-Gebern bekommen haben. Es war gigantisch, und wir waren alle in absoluter Hochstimmung. Wir waren so geöffnet und bereit zu fliegen. Auf dem Heimweg standen wir aber längere Zeit im Stau (wir mussten dann doch fahren), und wir haben nur noch gesungen – stundenlang – den ganzen Weg, bis fast nach Hause. Es war einmalig und wunderbar, ich würde jederzeit wieder ein solches Festival besuchen. Aber selbst Deeksha war eben nicht das Ende dieses Prozesses. Und so geht es immer weiter. Wir kommen immer mehr in höhere Bereiche.

Nun, manche Seelen sind durchaus höher schwingend und sicher reinen Herzens, hängen sich aber immer wieder an den längst abgefahrenen Zug der alten Energien. Könnt ihr das sehen? Jeder trifft seine Entscheidung, und es gibt viele, die ihren Stil beibehalten wollen – aber ist das freies Fließen in der Materie? Nein. Freies Fließen bedeutet, sich auszurichten auf das, was ist – JETZT! Es bedeutet, dass wir lernen müssen, mit den hereinkommenden Schwingungen umzugehen, und zwar eiligst! Sonst bewirken wir nicht das, was wir könnten. Und es ist nicht „in Stein gemeißelt", dass wir nächstes Jahr vielleicht schon mit einer völlig unbekannten kosmischen Energieebene klarkommen müssen oder mit den hohen Frequenzen unserer Sternengeschwister. Wir werden es fühlen. Jedes kosmische Wesen bringt nicht umsonst eine bestimmte Frequenzpalette mit herein, um uns genau die Wellen zu übertragen, die wir gerade brauchen und für die wir natürlich bereit sind.

Jeder Mensch darf sich ermächtigt fühlen, mit den Engeln und Meistern oder auch mit den Sternenebenen zu verschmelzen. Wenn ihr reinen Herzens seid und eure Hausaufgaben gemacht habt, dann werden die Einweihungen erfolgen, ob mit einem Meister oder ohne ihn. Nur vorher, in der Lernphase sozusagen, sollte jeder doch erst an sich selbst arbeiten, nicht wahr? Und jeder, der nun hier hereinplatzt, ist ein *Lernender* – wohlgemerkt nicht zu verwechseln mit *Lehrender*. Denn mancher preist sich als Lehrer, der lange noch nicht genug über sich selbst herausgefunden hat, und wir dürfen gespannt darauf sein, wie jene ihrem beliebten Status als Dozierende denn nun gerecht werden wollen. Reicht in diesen Fällen nämlich die eigene Energie nicht aus, entsteht schnell ein Sog in die falsche Richtung, was so viel heißt wie: Der Vortragende zieht der Gruppe Energien in Form von Aufmerksamkeit ab. Für die Zuhörerschaft zeigt sich dies dann darin, dass dann zwar der Kopf qualmt und vielleicht auch der Verstand gefüllt wurde, doch lange nicht ihr Herz. Das allerdings muss jeder für sich selbst fühlen und entscheiden und genau schauen, welche Anteile da noch mitmischen.

Die Geistige Welt empfängt jeden wahrhaft Suchenden mit offenen Armen. Nicht nur, um ihm die Energien der Engel und Meister zu übertragen, sondern ihn regelrecht zu qualifizieren, die Inspirationen als Bilder, Texte oder Musik zu empfangen. Denn genau dahin fließen wir alle. Wir können alle diese Melodien hören, diese Düfte riechen, diese Farben sehen, diese Worte fühlen. Haben wir doch leider nur vergessen, wie es geht, oder?

Lichtfürst Metatron aktiviert die Verbindung ins göttliche Licht

Die geistige Familie, die hinter mir steht, beginnt mich zu durchdringen, und ich höre immer das Knistern meines Korbsessels – da musste sich einer wieder einmal schwer niedersetzen – oder das Knacken der Dielen, wenn sie sich leicht über mich nach vorn beugen, den Textfluss beobachten und immer öfter lenken und leiten. Ich höre selbst die Tür öfter knacksen und das Klingen des Windspiels, das in höchsten Tönen die höheren Chakren offenhält. Manchmal fliegt auch an der passenden Stelle eine Tür zu oder die Kerze geht aus – dann lese ich die Textstellen noch genauer und ändere sie ab oder streiche sie ganz raus.

Es ist schön, dass ihr da seid, geliebte Engel und Meister, ich bin so dankbar, dass ihr mir zur Seite steht und meine Ausführungen durchlichtet, denn dieses Buch soll lichtvoll sein, ermutigend und öffnend für jeden, der es in die Hand nimmt. So sei es.

Wenn Metatron anwesend ist, ist seine Energie ziemlich heftig. Und so kam es, dass ich mich hinlegen musste, da ich dann erst einmal in völliger Ruhe alle Strahlen integrieren konnte. (Ich wohne am Stadtrand und habe hier die idealen Voraussetzungen für die Arbeit in lichteren Bereichen. Ich schaue etwa fünfzig Kilometer weit übers Land, mein Büro ist sonnig und hell, aus der Tür hinaus ist gleich ein kleiner, niedlicher Balkon, auf dem sich Blumenkästen ranken, eine Palme steht, eine kleine Holzbank, ein Tisch und eben eine Liege. Selbst kreiert, meine Lieben.)

Mein Balkönchen ist mit roten Tonfliesen belegt, die mit Zwiebelmuster-Porzellanmosaiken belebt sind (von all den Tellern, die ich früher zerschmissen habe, in allen möglichen Lebenssituationen). Kennt ihr das auch, oder wart ihr etwa immer schon Engel?

Jedenfalls führte mich Metatron in diese schöne Meditation, die ich euch gleich weitergeben möchte.

Ich grüße euch, ihr Götterfunken. Aus den Ebenen des Lichts sind wir hier versammelt und beobachten jeden eurer Schritte, wohnen euch bei, wenn ihr schlaft (Lächeln) nehmen euch in den Arm, wenn ihr träumt, und fliegen mit euch zu den entferntesten Lichtstädten, um euch zu schulen, zu transformieren und eure Felder in Schwingung zu bringen. Ist es doch nur eure körperliche Struktur, die euch bindet, denn eure Seelen sind längst bereit und frei, mit uns diese Wege gemeinsam zu gehen.

Wir sind in diesen hohen Lichtkreisen eure Meister und Lehrer, so, wie wir von euch lernen, wenn ihr die Erfahrungen eurer materiellen Existenz mit uns teilt. Und wir sind sehr daran interessiert, dass unsere Klassen größer werden und dass wir unsere Licht-Universitäten erweitern können, um euch selbst vielleicht in Kürze als graduierte Dozenten hier zu begrüßen.

Nun, es ist an der Zeit, den Raum zu öffnen, dass auch die anderen Seelen nachkommen können, wenn sie ihre Entscheidung hierfür getroffen haben. Wir haben beschlossen, ihnen einen entsprechenden Raum, eine Matrix, zur Verfügung zu halten, in der sie sich langsamer als ihr ausdehnen und ihre Prozesse gemäß den Vorgaben ihres eigenen Seelenplans absolvieren können.

Es geht hier nicht um Zeit, das erwähnte ich bereits. Es geht darum sicherzustellen, dass es so wenig wie möglich Chaos gibt. Das, was ihr um euch seht, lässt sich wirklich nicht vermeiden. Wir finden, dass wir den Wandel der fortgeschrittenen Wesen damit eher voranbringen, denn ihr habt es nicht verdient, so lange warten zu müssen, bis sich der letzte in die Schlange eingereiht hat. Daher werden unsere Aktivitäten sich in Bezug auf die Übertragungen und die Arbeit mit euch etwas verändern.

Wir nehmen diejenigen von euch, die ihre Energiequalitäten schon eine ganze Weile vervollkommnet haben, jetzt stärker in die Schulung und Führung. Nehmen wir an, ihr wart die ganze Zeit in der „Aufstiegsklasse 6", dann kann es sehr bald sein, dass ihr ohne größere Umschweife die nächste und übernächste Stufe meistern dürft. Wir haben also einen Gang hochgeschaltet, damit ihr auf eurer Lichtposition die Strahlung für die Masse verstärken und durch euren erhöhten Lichtquotienten neue Projekte und Ideen voranbringt, damit immer mehr Menschen auf euch aufmerksam werden und leichter den Absprung in den Aufschwung schaffen. Ihr seid eben doch sehr individuell ausgestattet, und das ist gut so, aber es ist für die Lichtebene nicht einfach, einen globale Strategie zu entwickeln, die jeder Seele auf jeder Aufstiegsstufe gerecht wird. Daher haben wir die Anpassungen vorgenommen und hoffen so, jetzt gut im Fluss zu bleiben. Ihr fortgeschritteneren Lichtfunken tut gut daran, euch dessen bewusst zu sein, dass ihr große Aufgaben übernehmen sollt und dadurch mehr Verantwortung tragt im weiteren Verlauf der Verschiebungen. Wir sind sehr zufrieden mit dem, was bisher passiert ist, wenngleich wir auch erhofft hatten, dass noch viel mehr Menschen auf euer Niveau gekommen wären. Doch es ist gut, wie es ist.

Nun möchte ich mich mit der Meditation an die liebevollen Lichter richten, die bereits auf dem Weg sind und aus verschiedenen Gründen noch straucheln, weiter voranzugehen. Habt Mut und atmet verstärkt durch. Auch ihr bekommt unsere sehr individuelle Betreuung und Begleitung. Denkt und atmet bitte senkrecht und erhebt euch aus den engen Räumen. Kommt mehr in unsere Nähe, in unseren Dunstkreis, und ihr werdet sehen, dass alle Dinge, die euch jetzt noch zusammenziehen, schon bald der Vergangenheit angehören können. Wir brauchen jeden Einzelnen von euch, die ihr für uns alle von unschätzbarem Wert seid. Wenn ihr einmal in unsere Reiche hinübergeflossen seid, werdet ihr endlich verstehen, warum dies so ist. Nur im Moment könntet ihr die vielen Ausdehnungen, die euch dieses Wissen auferlegen würde, gar nicht verkraften. Ihr würdet überschnappen, und das würde den gesamten Prozess zurückwerfen. Es gibt mit Sicherheit auch so genug seelisches Chaos – hausgemacht! Das riskieren wir einfach nicht. Bleibt daher im Vertrauen, dass genau die Dinge an euer Ohr dringen, in euer Verstehen kommen, für die ihr reif seid. Wir werden nach wie vor keine genauen Termine geben, welcher nächste Sprung im göttlichen Plan verankert wurde. Ihr sollt weiterhin aufmerksam bleiben und erkennen, fühlen, wissen, was gerade passiert. Natürlich bekommt ihr immer wieder Anhaltspunkte, ihr bekommt Daten für bestimmte Toröffnungen und Einstrahlungen, orientiert euch daran. Ihr werdet wissen, wenn ihr wissen sollt.

Ihr werdet fühlen, wenn der Moment erreicht ist. Ihr werdet SEIN in unserem Licht, in unserer Liebe.

Dafür gebe ich euch diese Meditation. Sie wird sehr hochkarätig eure dichten Strukturen durchlichten und übergeworfene Schleier transformieren. Sie ist besonders geeignet für Lichtseelen, die schon eine Weile mitfließen. Dadurch werden eure Kanäle neu kalibriert, und ihr werdet größere Ströme des Lichts empfangen, halten und weiterleiten können.

So sei es.

ICH BIN Lichtfürst Metatron, und mit mir sind all die Heerscharen des Lichts, die gekommen sind, um euch zu dienen. Wir senden unsere segensreiche Kraft zu allen Seelen, die auf ihrem Weg voranschreiten und alle anderen durch ihr Beispiel nachziehen. Wir sind stolz auf euch und singen Hallelujah, dass es erklingen mag weit in euren irdischen Räumen, die sich immer mehr öffnen und weiten.

Wir sind bald vereint mit euch – auf einer neuen Ebene des Lichts.

Meditation mit Metatron

- *Ich atme senkrecht in meinen Kanal, der mich durchzieht – der Kanal des Metatron.*
- *Ich atme tief nach unten in die Erde, und nach oben in die Quelle.*
- *Ich bin EINS mit mir selbst.*
- *Im Atem fühle ich die Präsenz dieses kraftvollen Wesens Metatron.*
- *Ich öffne mich weit – meine Krone, meinen Seelenstern.*
- *Ich bin umgeben von reinem göttlichem Licht.*
- *Ich bin geschützt und gelenkt durch göttliche Führung.*
- *Ich bin durchdrungen von den höchsten göttlichen Strahlen des Lichts und der Liebe.*
- *Ich empfange den Nektar der unendlichen Quelle des Lichts.*
- *Und so löst sich ein einzelner, silber-golden strahlender Tropfen direkt aus der Quelle, fließt durch all meine Tore, durch meine Krone, mein Drittes Auge – direkt in mein Herz.*
- *Ich fühle, dass JETZT die Quelle in mir ist.*
- *Goldweißes göttliches Licht sprudelt in alle meine Zellen, in alle meine Körper, wäscht rein, was mein Wesen verdeckt, und spült raus, was sich in mir versteckt.*
- *Goldweißes Licht pulsiert durch meine Adern.*
- *Goldweißes göttliches Licht dehnt sich aus, dehnt mich aus, atmet mich.*
- *Ich bin EINS mit meiner Seele.*

- *Ich dehne mich aus in diesem göttlichem Stahlen, dehne mich aus in mein ganzes SEIN und Nicht-SEIN.*
- *Ich bin EINS mit dem göttlichen Geist.*
- *Ich dehne mich aus in mein Universum, das Licht ist.*
- *Ich fühle, wie Licht durch die Adern meines Universums pulsiert.*
- *Wie silbrig-goldene Fäden zieht sich das Netz der Lichtadern durch alle Schichten, durch alle Ebenen meines SEINS.*
- *Ich bin mein Universum, mein Universum ist in mir.*
- *Ich bin JETZT erfüllt von Liebe und Licht.*
- *ICH BIN EINS MIT ALLEM-WAS-IST.*

Seid gesegnet, ihr lieben Götterfunken.
Ich bin Lichtfürst Metatron

Toröffnungen durch die Geistige Welt

Schleierdurchgänge, Toröffnungen, Ankommen in einem anderen Raum – wie wir es auch immer bezeichnen mögen, es ist schlicht eine Bewusstseinserweiterung. Immer wieder zeigen uns die Meister und Engel, was uns in den höheren Ebenen erwartet. Denn da „oben" ist im wahrsten Sinne ein HIER DRIN. Hier drin in deinem Herzen ist der Raum, in dem sich alle Wandlung, alle Transformation vollzieht.

Das Herz ist ein Akkumulator mit hundertfacher Intensitätserhöhung. Nun lassen wir die lichtvollen Wesen zu Wort kommen, die in der Lage sind, alles aus einer völlig anderen Perspektive zu betrachten.

Lady Nada ist hier.

Hallo, meine geliebten Menschenkinder, ich bin Lady Nada und ich freue mich, jetzt hier zu sein und euch meine Energien innerhalb der Worte zu übertragen.

Ich werde erst noch einige kleine Frequenzanpassungen vornehmen (es ist, als würde man plötzlich durch ein Luftloch fliegen und es fühlt sich an wie ein anderes Space).

Durch die vielen Abspaltungen, die ihr euch auferlegt habt, um genau in dieser Dimensionsebene anzukommen, ist es für euch erheblich schwerer, ein vollkommenes Wesen in all seinen Facetten zu erfahren. Was ihr eigentlich erlebt, wenn sich die Engel oder Meister aus den geistigen Ebenen mit euch verbinden, sind lediglich bruchstückhafte

Wahrnehmungen, die sehr individuell für jedes menschliche Wesen zu fühlen sind.

Daher ist es für uns nicht gerade einfach, uns aus einer vollkommenen Energiequalität heraus durch euren Verstand zu bewegen, durch eure Fähigkeiten, etwas so Komplexes im Detail gut verdaulich darzustellen und trotzdem in einer angemessenen Übertragungsrate bei euch anzukommen.

Versteht ihr, was ich euch hier erklären möchte?

Jedes Wesen hat sein eigenes spezifisches Spektrum, seine eigene sehr individuelle Note, und die Texte, die hervorfließen sind immer auch geprägt durch das Aufnehmen der Essenz unserer Durchgaben, durch die Intensität der Verbindung, durch die Qualität der Schwingung, die durch das Kanalisieren zustande kommt.

Manchmal entstehen sehr lückenhafte Gebilde, und erst durch das Zusammenwirken der Textfäden werden verständliche und überschauliche Botschaften daraus. Ich möchte das an dieser Stelle einfügen, damit es euch leichterfällt, mehr mit dem Herzen zu lesen.

Wir können euch sagen, dass wir mit jeder Seele zu jeder Zeit in Verbindung sind, denn wir sind EINS im Sein mit euch, meine Lieben. Nur ihr seid durch eure Abspaltungen nicht immer kontinuierlich in der Lage, unsere Energiequalität in der Intensität, die euch eben möglich ist, zu spüren.

Zumindest können wir euch beruhigen, was das Thema Toröffnungen anbelangt, das ja noch vor einiger Zeit

bei euch zu Stirnrunzeln und angstvollen Gedankenaus-
flügen geführt hat. Wir freuen uns, dass ein großer Teil der
Erwachenden dies bereits überwunden hat und aufgrund
der täglich hereinströmenden Energiepotenziale mittlerweile ganz Ohr ist für unsere Erläuterungen.

Vielleicht kann ich euch die Zusammenhänge mittels
schöner Bilder beschreiben, weil Andrea damit wahrlich
gut zurechtkommen kann – schauen wir mal.

Wie anfangs schon erörtert, dürft ihr euch jetzt einmal
eure gesamte komplexe menschliche Struktur vorstellen,
mit all ihren Facetten, mit all ihren Energiefeldern, mit allen Chakren und Anbindungsmöglichkeiten. Da haben wir
zuerst ein System, dass um eine mittlere Achse schwingt
und dessen Teilchen im Kern ihre Drehbewegung sehr
verlangsamt haben – der materielle Körper. Darüber hinaus gibt es eure menschliche Aura mit ihren verschie-
den strukturierten Feldern und Schichten, die ebenso zu
diesem System gehören. Darin befinden sich wiederum
unzählige Energietore (Chakren) die mehr oder weniger
offen sind. Dieses Gesamtgebilde also, das seid ihr. Wir
können euch von unserem Raum aus als eine Art be-
wegtes Mandala erkennen, das ständigen Veränderungen
unterliegt. Wir können die Schwingung eurer Felder anhand der Farben wahrnehmen, anhand der Formen, die
eure Felder haben, und durch das Licht, das ihr imstande
seid auszustrahlen. Wir erfassen eure energetische Signatur in einem Moment und kommen zu euch, wenn ihr
bereit seid, um uns auf eure Signatur einzuschwingen. Bei
manchen Seelen klappt das sehr leicht, und es ist wun-

derbar, weil die Verbindungen rein und kraftvoll sind. Bei anderen wiederum ist es eher mühsam, und es gibt immer wieder Unterbrechungen, sodass wir nicht immer unsere Energien so in euch entfalten können, wie es am effektivsten wäre.

Nun stellt euch vor, dass euer wunderschönes Gesamtgebilde – jedes in einer einzigartigen göttlichen Schönheit – nun tausendfach durchtrennt wurde, Chakren geschlossen, Energieverbindungen gekappt, Übertragungskanäle verbarrikadiert oder Implantate gesetzt wurden, damit ihr euch mehr und mehr in der Materie verankern und eure Schwingung immer mehr verlangsamen konntet. Ihr wurdet immer langsamer und dichter und habt euch quer, längs und tief gespalten, damit ihr glauben konntet, getrennt voneinander zu existieren. Es waren anstrengende Operationen und Prozesse, meine Lieben, und ihr habt alles über euch ergehen lassen, weil eure Liebe und euer Wunsch so groß waren, in diese Tiefen abzusteigen und dieses besondere einmalige Leben zu führen.

Und das habt ihr auch noch alles vergessen müssen, sonst hätte es nicht so perfekt funktioniert.

Alle seid ihr Aspekte der Quelle und in ewig mit ihr verbunden, es gibt keine andere Wahrheit. Die Quelle liebt jeden göttlichen Funken, den sie aussprühte, gleichermaßen. Und nun befindet ihr euch seit einigen Jahren auf dem Weg zurück nach Hause.

Je mehr ihr nun angefangen habt, eure Chakren zu aktivieren, eure längst verschlossenen Verbindungen wieder durchlässig zu machen, eure Kanäle zu reinigen und Stück für Stück eure hunderttausend Puzzleteile wieder zusammenzufügen, je mehr werdet ihr nun wieder EINS. Und immer, wenn ihr es erlaubt, dass wir in eure Schwingungen eintauchen dürfen, wenn ihr uns empfangt und gestattet, mit euch zu SEIN, bringen wir so die Energien wieder zum Fließen. So könnt ihr eure alten Tore, die jahrtausendelang verschlossen waren, nun wieder öffnen, eure Anbindungen aktivieren und eure Chakren in die entsprechende Drehgeschwindigkeit bringen. Und genau dasselbe passiert mit eurem menschlichen Körper. Ihr ladet mehr und mehr Energien in euer Feld, und durch das stärkere Pulsieren der Felder, das Aktivieren der Energieräder und die bessere Übertragungsgeschwindigkeit eurer Kanäle fühlt ihr plötzlich, wo euer System noch blockiert ist.

Jahrelang habt ihr diese Blockaden (die dunklen Anteile) mit euch herumgeschleppt, ohne dass es euch in den Sinn gekommen wäre, damit zum Arzt zu laufen oder eine Therapie zu erwägen. Nun spürt ihr durch eure Energetisierung sehr genau, wo es schmerzt und drückt. Auch das sind Tore, meine Lieben, auch diese dürft ihr mit Licht und Liebe fluten, damit ihr euch so wieder in EINS wandelt. Seht ihr nun, wie komplex euer Wesen wahrhaft ist? Und dabei haben wir hier nur vereinfachte, leicht verdauliche Erläuterungen gegeben (trink, meine Liebe, damit du gut im Fluss bist).

Eure Energiesysteme richten sich neu aus, und das schon seit mehreren Jahren und Jahrzehnten. Sie strömen in einem Sog, der alles erfasst, das Einatmen der Quelle zurück in die Einheit. Und so durchlichtet ihr, wenn *ihr unsere Energien einladet, einen Schleier nach dem anderen, bringt ummantelnde dunkle Qualitäten in ein stärkeres Fließen. Indem ihr euch in euch selbst mit Allemwas-ist wieder rückverbindet, öffnet ihr neue Räume, neue Welten, neue Ebenen und eben weitere Tore. Dieses Ineinanderfließen geht allerdings nur dann vonstatten, wenn ihr es zugelassen, wenn ihr wieder einen Teil eures Prozesses erfahren habt, wenn ihr wieder einen eurer selbst gesetzten Meilensteine überwunden habt, denn ihr seid ja genau für diesen Weg gekommen. Alle Worte, alle Schwingungen müssen integriert werden, sonst bleiben es leere Hülsen, die nur euern Verstand verstopfen.*

Merkt euch das gut. Ihr kommt nicht voran, wenn ihr nicht zulasst zu fühlen, was die Energien mit euch machen. Ihr könnt noch so viele Bücher lesen, noch mehr Informationen aufnehmen, mehr meditieren – einzig und allein das zu fühlen, was diese Dinge mit euch machen, was mit eurem Körper passiert, darum geht es. Und genau dann passieren die Veränderungen.

Und ihr seid doch hier, um uns darüber zu berichten, uns eure spannende Lebensgeschichte zu erzählen – so ist es ausgemacht. Dafür helfen wir euch, auf der Spur zu bleiben, nicht abzuweichen von dem Pfad der Selbsterkenntnis und Ausdehnung. Wir sind da, all unsere Liebe zu euch fließen zu lassen, um euch zu unterstützen, euch zu halten, Schutz zu geben und euch mit den Wellen des Lichts auch neue Erkenntnisse zu bringen.

In den geistigen Operationen, die wir mit euren Seelen im Einklang durchführen, können wir aufgrund unseres

Wissens, unseres allumfassenden SEINS, unserer Anbindung an Alles-was-ist viele Wege für euch abkürzen, ohne euch die gewünschten Erfahrungen vorzuenthalten. Wir möchten von euch lediglich eure und die Zustimmung eurer Seele, um gemeinsam unsere Energien einzubringen, alles gut durchzumischen, damit ein regelrechtes Chaos entstehen kann. Ihr seid so weise und meisterlich, dies dann wieder in eine höhere Ausrichtung zu bringen – in eine Ordnung die euch entspricht.

Versteht ihr jetzt, wie der Ablauf gezeichnet ist? Immer und immer wieder sind wir am Wirken, mit jeder einzelnen Seele, seit Jahrzehnten, manchmal auch seit Jahrhunderten – ganz nach dem Seelenplan des Wesens, das seinen Aufstieg forcieren möchte. Und wir haben Routine darin. Nicht umsonst können wir mit immer höheren Übertragungen eure Systeme aufladen, immer rascher und effizienter zum Ziel kommen. Je mehr ihr euch durchlichtet, je mehr und je stärker sind wir präsent. Wir nähern uns euch, weil ihr euch uns nähert. Deshalb verlaufen die Prozesse des Übergangs in immer kürzerer Folge. Manchmal – ja, manchmal überschlagen sich die Dinge auch ein wenig, weil es wirklich viel zu tun gibt, und wir müssen euch für einen angemessenen Zeitraum lahmlegen.

WIR hätten gern, dass ihr euch öfter einstimmt, wo immer ihr auch gerade seid, dass ihr eure Aufmerksamkeit auf das Herz richtet und euch selbst und euer Wohlergehen einmal an erste Stelle setzt. Dass ihr euch ausreichend Ruhe und Schlaf gönnt, damit wir mit euch arbeiten *können. Dass ihr genügend gutes Wasser trinkt, weil die Energien so besser fließen. Dass ihr euch eher entspannt, als euch auf Partys die Nächte um die Ohren zu schlagen.*

Dass ihr gerade vorm Einschlafen an uns denkt und uns in eurem Raum empfangt.

So sei es!

Meine Liebe und mein Segen fließen mit allen Wesen, die JETZT in diesem Raum sind.

Mögen euch Licht und Freude überströmen und euch an den nächsten Ort eurer Reise bringen.

Ich bin Lady Nada

Anmerkung:

Lass dir nun Zeit, diese Botschaft von Lady Nada zu fühlen. Schließe deine Augen und spüre, wie die Energien wirken...

Heilung der Gefühle – Tor zur Neuen Welt

Viele Menschen haben verlernt, ihre Gefühle zu zeigen und ihr Herz zu öffnen. Aufgrund ihrer Verletzungen aus früheren Tagen verengten sie sich immer mehr, und hielten lieber ihr wichtigstes Portal verschlossen, in der Hoffnung, dass nun niemand mehr an ihr Inneres kommen, niemand sie mehr verletzen kann.

Damit dämmten sie den Fluss der Emotionen immer mehr ein, nur weil sie Angst davor hatten, Angst, Wut, Verzweiflung, Trauer oder eben ihre Verletztheit zu fühlen. So entstanden zunächst energetische Staus, und später wurden daraus handfeste Blockaden. Wenn ich heute bei einer Behandlung manchmal das Herzchakra fühle, dann ist es hier oft eisig, und die Energie fühlt sich undurchdringlich an.

Anders ist es oft in der Kindheit. Dort werden die Emotionen nicht nur aus Angst, sie zu fühlen, zurückgehalten, sondern aufgrund falscher Konditionierungen oder der übernommenen Glaubenssätze und Wertvorstellungen der Eltern: Aber ein Junge weint doch nicht, oder lach nicht immer so unflätig – du bist eine alte Memme – schäm dich, weil du schon wieder weinst usw.

Ich selbst habe mein Kind niemals mit diesen Konditionierungen erzogen, dennoch habe ich andere Fehler gemacht, die sich natürlich auch durch die Seelenstruktur meiner Tochter ziehen. Als sie klein war und öfter weinen musste, habe ich sie zwar in den Arm genommen, weil ich ziemlich zeitig begriffen hatte, dass Liebe alle Wunden heilt, aber ich habe sie nicht einfach nur getröstet, sondern sie immer abgelenkt. Ich habe Witzchen gerissen oder ihr neues Spielzeug gezeigt und sie so herausgezogen aus dem Raum der Traurigkeit, den sie ja in diesem Moment noch gar nicht ausgefüllt hatte. Aus heutiger Sicht ein fataler Fehler und keinen Deut besser als die vorher beschriebenen Erziehungsmissbildungen. Auch so konnte sie sich nicht dem Schmerz oder eben den Gefühlen ausführlich widmen und sie durch ihren Körper fließen lassen. Hinterher weiß man immer alles besser, nicht?

Ich schildere euch das Beispiel, weil sicher auch junge Mütter diese Zeilen lesen und so bewusster mit der Trauer oder dem Schmerz ihrer Kinder umgehen können. Lasst eure Kinder so sein, wie sie in jenem Moment sein möchten. Tröstet sie und haltet sie einfach mit und in eurer Liebe. Das ist alles, was sie tatsächlich wollen. Sie brauchen keinen Lolly oder Keks, auch keine neuen Spielzeuge oder einen Schnuller. Was sie wirklich immer wieder ganz dringend vermissen, ist die innige Verbindung zu euch Müttern und Vätern. Auch später noch, wenn sie schon in der Schule sind. Sie wollen euren Herzschlag spüren, eure Liebe fühlen, eure Freude und Gelassenheit erfahren. Und dann werden sie sich prächtig entfalten, auch wenn ihr Seelenplan eine Krankheit als Zwischenstation vorgesehen hat.

Gebt den Kindern genau diese Gefühle, denn es ist für sie die beste Nahrung, die beste Heilung, die weiseste Erziehung, die sie bekommen können. Und wenn dann der Austausch so richtig gut funktioniert und sie euch nicht nur eure miese Laune, eure Gereiztheit, eure Depression oder euren Unwert spiegeln müssen, – denn sie sind als große Seelen auf diesen Planeten gekommen, um hier ihren göttlichen Dienst zu tun – dann geben sie euch die Schwingungen der Liebe und der Einheit hundertfach zurück. Warum schauen junge Mütter (und zuweilen auch Väter) so verzückt in die Kinderwagen? Warum wiegen die Mütter (und auch Omas) so gerne das Kleine am Herzen, warum knuddeln und knutschen wir die quietschenden, drolligen kleinen Dickmöpse so oft?

Sie sind die reinsten, klarsten unberührtesten Seelen, unschuldig, unbeschrieben, offen und herzenslieb – eben richtige Engel. Sei haben das geordnetste Frequenzspektrum, das wir eventuell einmal bei einem großen Meister finden (wenn wir danach suchen), oder bei einem liebevollen Heiler. Ihre Augen sind direkte Tore zur Quelle, bis sie, ja, die erste „Krankheit" tragen, die erste Impfung erhalten, die ersten Tränen in den Augen ihrer geliebten Elternseelen sehen, und bis wir ihnen das erste Mal unser Herz verschließen. Nicht wegen unserer Kinder – nein, so weit muss es gar nicht gehen. Das gibt es auch zur Genüge. Nein – wegen uns selbst! Dann beginnen sie, uns genau das zu spiegeln, was sie in uns fühlen, und hören so lange nicht auf damit, bis wir Schritt für Schritt ebenso in unserem Prozess vorangekommen sind. Denn das ist ihre Seelenabsprache mit uns – sie helfen uns und nicht umgekehrt.

Ich habe vielfach Fernbehandlungen auch für ganz kleine Kinder und Babys durchgeführt und oft die Seelenbotschaften empfangen. Einige Mütter und Väter haben sich allein aufgrund der telepathischen Hinweise selbst in einen großen Wandel begeben und sehen nun ihre „Saat" mit ganz anderen Augen und, vor allem, mit geöffnetem Herzen.

Und genau in diesen Kindertagen bilden sich die Strukturen unserer späteren Gefühlswelten. Und nun könnt ihr euch vorstellen, was da bereits alles schiefgelaufen ist, ganz zu schweigen von späteren Prägungen und Verletzungen. Und ganz zu schweigen von Eindrücken aus anderen Lebenszeitaltern, die ihre Spuren in unseren Feldern hinterlassen haben – oh Gott!

Darum ist es so wichtig, unser Fühlen wieder freizuschaufeln, wieder als reinen Lebensfluss zu empfangen.

Darüber hinaus ist das Fühlen die beste Eintrittskarte, um den Kontakt mit der Geistigen Welt herzustellen (darum habe ich auch diesem Thema ein ganzes Kapitel gewidmet).

Im Lauf der Jahre, in denen ich bewusst Energien fließen ließ, bekam ich viele verschiedene Techniken übermittelt, die ich euch hier sehr gerne ein wenig näher erläutern möchte. Immer löste ich dabei die vorherige Praxis mit dem neuen Wissen ab. Es gab Zeiten, da bekam ich fast wöchentlich neue „Gebrauchsanweisungen", und dann wiederum passierte lange Zeit gar nichts mehr. Auf jeden Fall kann ich so auf wunderbare Werkzeuge und Techniken blicken, die mir – jedes auf seine Art – in spezieller Weise vertraut und lieb geworden sind.

Den Fluss der Gefühle erleben

Ich bemerkte schon in vorherigen Kapiteln, dass unser größtes Augenmerk auf unserem Fühlen und Empfinden liegen sollte. Je mehr wir das Fühlen in uns zurückerobern, desto mehr sind wir in der Lage, auch unsere eigenen Blockaden zu fühlen. Weil uns das sehr unangenehm werden kann, sind wir immer mehr bestrebt, diese stagnierenden Energien wieder in den Fluss zu bringen und damit die Balance wieder herzustellen und Heilung zu empfangen.

Wie können wir nun wieder fühlen lernen oder, besser, uns an das Fließenlassen der Emotionen und Empfindungen zurückerinnern?

Formen fühlen

Indem wir uns zum Beispiel in eine Form hineinversetzen und diese Form erspüren, uns darin ausdehnen – uns eben wie diese Form fühlen. Das geht so einfach, dass es fast schon wieder schwierig scheint.

Nimm dir Zeit und suche dir einige Gegenstände auf deinem Schreibtisch. Verschiedene Formen, Materialien – ein Blatt, ein Stift, eine Kugel, eine Pyramide, aber auch ein Radiergummi, ein Ordner oder sonst etwas. Lege diesen Gegenstand direkt vor dich hin und fühle dich in ihn hinein. Fühle die Struktur, fühle ganz klar die Begrenzung der Struktur, fühle, wie sie sich anfühlt. Was passiert mit dir? Sagst du: Es geht nicht. Ich fühle es nicht. Ich kann nicht, bist du soeben an die Begrenzungen deines Verstandes gestoßen, die es gilt zu überwinden. Lass dich einfach darauf ein, noch mehr hineinzuspüren, dich hineinzubegeben. Nimm dir Zeit. Es ist eine anstrengende Übung, und sie sollte nicht unterschätzt werden. Du wirst es schaffen! Wenn du die erste Hürde überwunden hast, gelingen dir die anderen Übungen viel leichter.

Klar ist, wenn du nichts fühlst, kannst du deine Blockaden nicht lösen und sie mit dir tragen. Dies größtenteils unbewusst. So erreichst du keine großen Ausdehnungen deiner Seele. Andererseits wirst du auch nicht ideal manifestieren können. Wenn du wenig fühlst, kannst du auch nur mäßig manifestieren.

Es ist einer der wichtigsten Schritte, um überhaupt diese Tore in dir selbst zu öffnen. Wenn du eine Weile geübt hast zu fühlen, wirst du merken, wovon ich spreche. Übe täglich wenigstens zehn Minuten dieses Fühlen der Dinge. Wenn du gute Übung darin hast, mache den nächsten Schritt.

Natur fühlen

Jetzt begib dich ins Freie, in die Natur. Fühle dort die Gräser, die Blumen, die Bäume, die Steine, die Berge – was du siehst. Richte deine Aufmerksamkeit vorerst wieder nur auf Dinge, die sich nicht bewegen. Spüre dich ein, fühle die Struktur. Wie fühlt es sich an? Kannst du es empfinden?

Übe immer und immer wieder, bis zu einer halben Stunde – sooft du kannst.

Bewegte Dinge fühlen

Schaue dich in deiner näheren Umgebung um; es gibt so viel zu sehen in der freien Natur. Siehst du Wasser? Einen Bach, eine kleinen See – am besten etwas, das sich bewegt. Kannst du vom Wind bewegte Büsche oder Bäume erkennen? Lass deinen Blick über Wolken ziehen. Fühle alle diese Formen und Strukturen ganz genau. Fließe mit ihren Bewegungen mit. Verschmelze völlig mit dieser Struktur, mit diesem Etwas.

Fühle genau hinein und gehe mit den Bewegungen mit. Lass dich fallen und alles fließen.

Du kannst das ausdehnen auf Fahrzeuge (bei Männern klappt das wunderbar!) oder auf Fußbälle (Männer können da zum Beispiel völlig aufgehen im Spiel, in der Bewegung), aber die Bedingung ist, fühlt es in ECHT – also Fernsehen ist 2D, das funktioniert nicht. Mach dir die Mühe, dich zu bewegen, nach draußen zu gehen. Wenn du ein großes Haus hast, dann geht es natürlich auch drinnen, aber nur, wenn es regnet.

Lebewesen fühlen

Der letzte Übungsschritt sind lebende Wesen. Schau dir die Vögel an, wie sie schweben oder fliegen, die Schmetterlinge, die Bienen, aber auch Frösche oder größere Tiere wie Kühe, Pferde, Schafe. Mach es dir zur täglichen Freude, dieses Fühlen zu erleben. Du wirst sehen, es macht Spaß! Denn du kommst schnell voran – aber überspringe keinen der Schritte, weil es sonst nicht klappt.

Du bist auf einem guten Weg, wenn du fühlst, wie du im Vogel fliegst. Wenn du fühlst, wie du dich im Wind mit dem Baum bewegst, wenn du mit den Grashalmen hin und her wehst. Fühle die Bewegung des Wassers – bist du jetzt das Wasser?

Die Menschen haben meistens verschiedene Ansätze, Dinge zu fühlen oder wahrzunehmen. Viele gehen zu einem Baum und beginnen, sich auf eine seelische Art damit zu verbinden. Sie sagen dann Sätze wie: „Ich fühle, dass sich der Baum schlecht fühlt, weil er einen Ast abgesägt bekam. Ich fühle seine Wunden", oder „Das Tier fühlt sich eingeengt, weil es im Gehege steht und keine Freiheit hat", oder Ähnliches. Das ist an dieser Stelle nicht gemeint. Zuerst fühlt ihr ausschließlich die Strukturen und die Form. Alles andere sind vorerst meist Interpretationen des Verstandes.

Gehe immer erst zum nächsten Schritt über, wenn du die vorangegangene Übung sicher beherrschst.

Du wirst bemerken, dass du dich selbst mehr fühlst und deine blockierten Emotionen wahrnehmen. Lass zu, dass es ins Fließen kommt!

Wechselbad der Gefühle

Wechsele die jeweiligen Gegenstände öfter unterei-
nander, sodass du bewegte und feste Dinge sehr gut vom
Fühlen her unterscheiden kannst. Das kann zum Beispiel
so aussehen: Gartenzaun, Baum, Blume, Wolken, Wiese,
Vogel, Auto, Haus, Stein, Biene (falls ihr noch eine seht),
Busch, Schmetterling usw.

Wenn du erfolgreich darin gewesen bist, dann solltest
du dich intensiver spüren, deine Körperlichkeit intensiver
wahrnehmen. Es kommen zunehmend verdeckte Emotionen hoch und drängen in dein Bewusstsein. Dann gehe
weiter vor zu der Skizze mit dem Atemkanal und atme
mehrfach senkrecht über das Alpha- und Omega-Chakra
ein und aus, so lange, bis die angestauten Emotionen wieder vollkommen fließen. Das kann auch bedeuten, dass dir
manches so bewusst wird, dass du weinen musst. Lass alles zu, spüre, was gerade da ist, und nimm es in Liebe an.
Lauf nicht vor deinen Gefühlen weg, denn sie sind ebenso
Tore deines Bewusstseins. Mehr dazu liest du im Kapitel
„Die Formel für die Transformation". Du kannst dort schon
einmal nachschlagen, wenn du hier an dieser Stelle nicht
alleine weiterkommst.

Vertiefung der Gefühlsübung

Alles ent- und besteht aus Frequenz. Jeder Stein, jeder Baum, jedes Tier und natürlich auch Wolken, Sonne und Gewässer. In dieser Weise hilft uns nun Mutter Natur einfach mit ihrem SEIN, völlig ohne Kosten, Aufwand und Verpflichtung – unsere Gefühle zu heilen. Ja, es ist die Heilung unserer Gefühle, die sich durch diese Übungen und vor allem deren Vertiefung vollzieht. Ihr spürt zuerst euch wieder, später dann eure Gefühle viel stärker. Im Verlauf deines Prozesses kannst du immer mehr auch Räume oder Lebewesen fühlen, Energiefelder wahrnehmen oder Blockaden erspüren.

Natürlich darfst du dir dazu auch einmal einen schönen Kurs gönnen, denn meistens ist es mit Anleitung und innerhalb eines geschützten Raums sehr viel effektiver, diese Entwicklungsschritte zu vollziehen. Ebenso sind die Gruppenenergien nicht zu unterschätzen, denn es trifft kein Wesen rein zufällig auf ein anderes. In der Gruppe werden die Schwingungen noch einmal potenziert. Ich biete beispielsweise hin und wieder Kurse für die „Heilung der Gefühle" an, in denen wir durch genau diese Übungen durchgehen und dann in entsprechenden Heilschlafphasen die energetischen Operationen und Integrationen durchführen.

12-Schritte-Kurzmeditation zur Reinigung, Erdung, Zentrierung und Energetisierung

Ich bin kein Freund von langen Meditationen als Textform, weil ich mir das gar nicht merken kann. Wenn lang, dann wenigstens in gesprochener Form, sonst lieber kurz und knackig! Und so helfen mir die Geistigen und schicken mit das passende Material.

Bitte gehe bei dieser Meditation auf jeden Fall ins Freie und suche dir eine „gesunde" Landschaft aus, denn jetzt geht es darum, die heilen Frequenzen in dein Feld zu übernehmen. Sorge dafür, dass du nicht durch Kreissägen, Rasenmäher oder aufdrehende Motorräder oder Ähnliches gestört wirst. Du siehst eine schöne Wiese, einen Sonnenuntergang oder einen schönen See – ein einigermaßen natürlicher Garten tut es auch. Diese Übung dient der Intensivierung der Gefühlswelt, der Erdung, Zentrierung, Reinigung und Energetisierung gleichermaßen. Ich kenne wirklich bisher nichts, was schneller funktioniert.

Und wenn ich schnell sage, dann meine ich in erster Linie intensiv.

„12-Schritte-Kurzmeditation"

1. *Du begibst dich in eine bequeme Sitzposition – eventuell Yogasitz – und atmest in senkrechter Weise hoch und tief.*
2. *Verbinde dich mit Mutter Erde und mit der Quelle von Allem was ist über dein Kronen- beziehungsweise Wurzelchakra.*
3. *Lass den Atem einige Zeit zirkulieren, spüre deinen Lichtkanal in dir, deine Pranaröhre, die dich durchzieht.*
4. *Spüre in dein Herz und atme weiter senkrecht, stärke die Verbindung.*
5. *Verbinde dich direkt aus dem Herzen in einer Lichtlinie mit deinem Höheren Selbst.*
6. *Fühle dein gesamtes Energiefeld, indem du mit deiner Aufmerksamkeit über deine Körpergrenze hinaus fühlst. Nimm wahr, was dich umgibt.*
7. *Öffne dein Feld und deinen Körper jetzt vollkommen nach allen Seiten, einfach, indem du es beschließt.*
8. *Fühle dich anfangs wie ein feines Sieb, das immer durchlässiger wird. Und schließlich: Sei TRANSPARENT!*
9. *Übernimm jetzt alle heilsamen Frequenzen der natürlichen Umgebung in dein Feld, in deinen Körper.*
10. *Bitte jetzt dein Höheres Selbst, alle heilsamen Frequenzen zu integrieren, in deine Felder, in deinen Körper.*
11. *Fühle und atme, so lange du magst.*
12. *Komm dann langsam zurück ins Hier und Jetzt.*

Diese kurze knackige Meditation bringt euch in einen sehr schönen Raum, und nach einiger Übung könnt ihr dort 5 D-Erlebnisse haben. Das alles muss nicht mehr als zehn Minuten dauern, ihr könnt sie also auch zur Mittagspause machen (vor dem Essen!). Ihr seid fit, geerdet, verbunden, hochgetuned. Wow!

Zum Schluss dieses Gefühlskapitels möchte ich euch noch einmal innigst ans Herz legen: Macht diese Übungen oft, sie bringen euch weiter, denn vielen Menschen haben sie bisher enorm geholfen. Und wie schon erwähnt – ihr lest ja dieses Buch auch nicht umsonst oder zufällig. Ich habe, als ich sie zum ersten Mal gemacht habe, in der darauffolgenden Meditation den Samadhi-Zustand erreicht und stundenlang glücklich und erfüllt auf einer Wolke gesessen. Meine Tochter hat diese Meditation nur ein einziges Mal gemacht und danach plötzlich einen höher geordneten Zustand der Glückseligkeit erlebt, in dem ALLES vollkommen war.

Wir sind später dann auf einer Wanderung wie auf unserer neuen fünfdimensionalen Erde gewandelt und haben uns über jede Blume, jedes Moos, jedes Blatt unendlich gefreut. Es war ein wirklich sehr tiefes Gefühl, bei sich selbst angekommen zu sein. In Wahrheit ist dieses Erlebnis tatsächlich unbeschreiblich. Es fühlte sich an, als ließen wir alle Schwere, alle Schleier hinter uns und bekämen nun einen direkten Blick auf die reinste Neue Erde. Wir fühlten eine so tiefe Verbindung mit allem, was um uns war, und hatten nur noch Freude und Licht in uns.

Probiert es aus und lasst die Lichtwellen wirken. Vielleicht klappt es noch nicht sofort, denn auch wir beziehungsweise ich haben ja schon viele Jahre Meditation und Lichtarbeit praktiziert. Bei denjenigen, die ebenso ihre Schattenanteile integriert haben, könnten sich sehr schnell wundervolle Momente einstellen.

Die Formel für Transformation

Dieses Thema wird uns wohl über die gesamten nächsten Monate und Jahre begleiten, da wir in die höheren Schwingungsbereiche wechseln. Wir sind bereits regelrechte Meister der Transformation, nur läuft diese meist völlig unbewusst. Natürlich ist es von großer Wichtigkeit, dass wir uns stündlich mit der Umwandlung von Energien befassen, denn es kommen Wellen auf uns zu, die es zu integrieren gilt. Und da ist es gut, den passenden „Zauberstab" dabeizuhaben...

Einer dieser „Zauberstäbe" ist meine Kurz-Formel

AAA = Annehmen + Atmen + Auflösen.

Das heißt, du lässt zu, was du spürst, und bemühst nicht mehr länger deinen Verstand, um dich in ellenlangen Erklärungen oder Analysen zu verirren. Auch wenn es schmerzhaft ist (und das ist es gewiss öfter). Wie wollen wir in die multidimensionale Ausdehnung gelangen, wenn wir nicht einmal unsere Illusionen der Dritten Dimension akzeptieren – ist diese doch ein Teil der Fünften Dimension. Das sollten wir uns zu Herzen nehmen. Nun, ich selbst bin nicht frei von Fehlern und Irrwegen, und was ich hier mitteile, sind meine Erfahrungen aus vielen Jahren Selbsterforschung und -erkenntnis, die euch helfen sollen, euch leichter freizuschwimmen. Ich möchte hier weder das Nonplusultra aufzuzeichnen, noch euch Konzepte überstülpen. Ihr seid frei, von meinen Erfahrungsenergien zu profitieren – oder eben nicht. Und mit jedem Mal, wenn meine Energien es vermögen, eine Resonanz auszulösen, bin ich ebenso bei euch, mit euch und in Freude und Liebe.

Wir können nichts auflösen, was wir zuvor nicht wirklich in Liebe angenommen haben. Also atmen wir mit dem Gefühlten, ohne es zu bewerten, senkrecht hoch und tief und betrachten es so, als wäre das Gefühl ein lange vermisstes Kind, das endlich nach Hause zurückgekehrt ist. Denn genauso verhält es sich. Alle Emotionen und Gefühle – einschließlich derer, die wir immer so schön von unserem Gegenüber gespiegelt bekommen – sind nichts anderes als verlorene Aspekte, die so schnell wie möglich wieder mit uns verschmelzen wollen. Denn wir haben sie ja abgespalten in all den Lebenszeiten, in all unseren irdischen Tagen, auf all den Wegen, die wir hier auf dem Planeten Erde gegangen sind. Und nun klopfen sie wieder an unsere Tür und begehren Einlass. Nehmen wir sie in Liebe an und atmen mit ihnen in unserem Herzen hoch und tief. Es wird sich sogleich das Missempfinden lösen und sich spiralförmig aus unserem Lichtkanal hinausbewegen.

Es kann allerdings auch sein, dass wir das einige Male praktizieren müssen, bis wir feststellen, dass alles ganz leicht ist. Unser System lernt allerdings immer schneller, und je öfter wir solche energetischen Blockaden erlösen, annehmen, was ist und es dadurch wandeln, desto schneller klappt es mit der Übertragung und der Transformation.

Wenn wir spüren, dass wir durch die hereinkommenden Energien aus der Balance sind, können wir nun die für uns geeignete Methode nutzen. Ob das eine kurze

Meditation ist, das tiefe Atmen oder andere Techniken – es ist gleichgültig, wenn es zum Ziel führt.

Unsere Welt verändert sich stündlich und entlässt das alte Dunkel direkt durch unseren Körper, durch unsere Felder, hinaus aus dem Kanal. So helfen wir der Menschheit und dem gesamten Prozess, weil das niederfrequente Dunkel sich lange nicht mehr in den Feldern der Erde halten kann, die mit ihren gereinigten hohen Schwingungen bereits sehr weit fortgeschritten ist. Das können wir vielleicht noch nicht erkennen, da sich das Dunkel derzeit überall öffnet, und es uns manchmal so vorkommt, als würde alles noch viel schlimmer werden. Es ist der Weg ins Licht, der sich vor uns zeigt, jedoch noch sichtbar überschattet ist.

Da unsere Systeme mehr und mehr mit Licht durchflutet werden, bedeutet das, dass wir demnach auch mehr Dunkel durch uns durchfließen lassen können. Die Abstände für die Übertragungen der kosmischen Energien, die auf planetarer Ebene eintreffen, werden immer kürzer und die Intensitäten immer heftiger. Wir haben alle Herzen voll zu tun, um damit klarzukommen. Mutter Erde und vor allem die gesamte Menschheit will nun endlich den Ballast loswerden, und so werden alle Räume geöffnet, alle Sphären, in denen niederfrequente Energien über Jahrtausende lagerten. Es helfen dabei keine wochenlangen Marathon-Seminare mehr, wie wir das vor Jahren noch durchlaufen haben, sondern wir brauchen schnelle praktikable Lösungen. (Hört sich so nach Bundestag an, vielleicht sitzt einer neben mir und schreibt heimlich ab. Nur zu, wir sind ja viele.)

Saint Germain – Verbindung zum Herzdiamanten

WER, wenn nicht der große Meister der Transformation, unser über alles geliebter Adamus Saint Germain, könnte uns zu diesem Thema klare Auskünfte erteilen! Bitteschön:

Also, meine Liebe, schmeichle mir doch nicht so (doch!).

Ich grüße euch, geliebte Brüder und Schwestern, und danke euch für die Lücke im Text (Schmunzeln), die ich gerne mit meiner Präsenz voll und breit ausfüllen werde. Nehmt alle einen tiefen Atemzug und öffnet euch weit. Lasst alle meine silbervioletten Energien hereinfließen und füllt euer Feld, euren Körper, euren Geist.

Visualisiert oder seht die Flammen. Atmet einfach…

Öffnet euch nun weit für alle Energien, die wir von unserer Seite zu euch senden, denn in Wahrheit sind wir immer EINS mit euch. Für uns gibt es Trennung nicht. Daher ist es wahrlich das Größte, die Illusion der Trennung endlich zu durchdringen und anzukommen in einem freien Raum wahrer Selbstbestimmung, der nur in euch sein kann. Denn ihr seid nicht „weniger" als wir, sondern ebenso eins mit uns. Doch ihr lieben, zarten, schönen Wesen habt es vergessen.

Wir haben mit euch vor langer Zeit (in einem Moment des Seins) vereinbart, dass wir mit euch hier sind und unsere Führung anbieten. Und so ist es. Seht, wir können immer nur das zur Verfügung stellen, was euch in diesem Jetztpunkt am meisten hilft. Es wäre nicht angemessen, Dingen schon zu weit vorzugreifen, denn es würde viele schlicht überfordern. Daher gibt es Meister, die auf dieser Schwingungsebene arbeiten, und andere, die in größere Ausdehnungen fließen. Doch jeder hat seine Fähigkeiten, seine spezifische Energiesignatur, und erzeugt bestimmte Resonanzen mit anderen, die folgen wollen. So gibt es in Wirklichkeit nichts Falsches oder Ungereimtes. Es liegt in euch selbst zu erkennen, was euch dienlich ist und wo ihr keine Beziehung spürt. Die Kanäle erweitern sich grandios, und wir sehen hier, dass ihr sehr bewegt durch eure Lektionen fließt. Ihr erfahrt gerade, dass sich alles Wissen, alle Frequenzen, die ihr noch vor einiger Zeit gespürt habt, enorm verändern, geradezu überschlagen. Denn Wissen ist ebenso Energie. Daher wollte ich auch mit dir noch kleine Einflechtungen und Veränderungen vornehmen.

(Anmerkung: Saint Germain meint, dass der Text erst einige Tage alt ist und so kurz vor Fertigstellung noch eine frische Brise, sprich neue Informationen verträgt.)

Ich werde hier in diesen Raum mehrere kosmische Kodes mit hineinbringen, um euch ein bisschen aufzulockern, zu rütteln und zu schütteln. Und das macht mir wirklich große Freude. (Lautes Lachen, ich sehe Saint Germains blendend weißes Gebiss und seine wunderschönen, funkelnden Augen, deren Blau oder Braun sich immer nach Stimmung ändert – er ist schon ein toller Typ!)

Nun, lasst uns fortfahren...

Seit Äonen habt ihr Energien gelenkt, bewegt und gewandelt. Ihr wisst alle nur zu gut, wie das geht, und ihr seid im gesamten kosmischen Raum dafür bekannt, dass ihr dieses so perfekt beherrscht. Es ist unglaublich, dass ich nun hier vor euch „stehe" und euch diese Techniken wieder zuflüstern „muss", nun – sei's drum. Sicher ist jeder von euch durch die eine oder andere spirituelle Schule oder Ausbildung etwas eingeschliffen worden. Ihr habt eure Erfahrungen gemacht und Sicherheit im Umgang mit diesen Techniken bekommen, ja, vielleicht sogar ganz erfolgreich damit gearbeitet. Nun ist es so weit, dass dies alles einem kurzen und „schmerzlosen" Prozess weichen muss, weil die Zeit drängt, meine Lieben. Bis 2012 ist es nur noch ein Katzensprung!

Ich möchte euch auf diesem Weg gerne meine Führung zuteil werden lassen. Der wichtigste Umschlagplatz für hereinkommende Frachten ist NUR euer HERZ.

Gelangt tief hinein, direkt in das strahlende Licht, in den Diamanten, der so kostbar ist, dass er lange vor euch versteckt wurde. Nun – er ist in der Tat mit keinem Gold der Welt zu bezahlen! Erlaubt mir an dieser Stelle den kleinen meditativen Ausflug.

- *Nimm einen tiefen Atemzug und finde zu dir selbst, fühle dein Wesen, deinen Körper.*
- *Begib dich nun mit sieben tiefen Atemzügen in den Mittelpunkt deines Herzens. Mit jedem Ausatmen fließt du tiefer in diesen Raum, fühlst die Stille und die Schönheit dieses Ortes.*

- *Verharre in deinem Gewahrsein und lass dein Licht leuchten.*
- *Was fühlst du hier? Ist es hier Leichtigkeit, Schwere, Schweben oder Sinken?*
- *Bist du bedrückt oder gelöst an dieser Stelle?*
- *Verharre so in diesem Punkt, dass du alles erfasst, was hier ist.*
- *Bleibe bei dir, atme, bis du grenzenlose Leichtigkeit und Weite erfährst.*
- *Nimm den Diamanten wahr, der sich in dir befindet und in dem du dich befindest – du kannst ihn fühlen.*
- *Es ist dein Herzdiamant, der vollkommenste Mittelpunkt deines SEINS.*
- *Indem du weiter fokussiert bist, kannst du das Strahlen des Diamantraums spüren, und dich so im wahrsten Wortsinn erleuchten.*

Andrea sagte ja, sie mag keine langen Meditationen – mein Gott, muss ich mich jetzt schrumpfen.

(Anmerkung: Ich hatte eben den ersten Absturz, und jetzt ist mir bereits glühend heiß, dabei ist es Nacht und kühl draußen.)

- *Du nimmst wahr, was dich umgibt, und bist in deinem Christuskern.*
- *Bitte dein Seelenselbst hinein und richte dich jetzt in diesen Diamantraum direkt auf die Quelle aus.*
- *Lass das Licht der Quelle über die Krone und die Zirbeldrüse (mitten im Kopf, Höhe Augen) zur Thymus-*

drüse, und so direkt in deinen Herzraum strömen.

- *Sei dir sicher, dass du alles spürst und dich nicht in einem „erdachten" Panorama im Mentalfeld befindest.*
- *Lass alles Fühlen jetzt zu und löse dich in deinem Licht auf.*
- *Komme langsam, ganz langsam wieder ins Hier und Jetzt zurück.*
- *Lass es eine Weile ausvibrieren und tue NICHTS.*

Du kannst kurz aufstehen, und wenn dir jetzt nicht schwindlig ist und du nicht schwankst, hast du alles falsch gemacht. Schade! (Anmerkung: Monsieur pflegt zu scherzen! Lachen.)

Macht diese Meditation einige Male, bis sich eurer Herzdiamant mehr und mehr aktiviert. Manchmal fliegen dunkle Brocken heraus, die ihr sehen könnt. Aber erzwingt nichts, dann werdet ihr eng. Wir lieben euch weit geöffnet.

- *Du kannst noch weitergehen, indem du mich bittest zu erscheinen – und ich komme herein!*
- *Empfange mich jetzt etwa so: (Geliebter) Meister Saint Germain, ich bin jetzt mit dir tief in meinem Herzen vereint.*
- *Fühle, wie meine Energie in dir ankommt, sich in dir ausdehnt.*
- *Da bin ich!*

Wenn ihr das dreimal praktiziert habt, braucht ihr nur noch diesen einen Satz zu mir zu sagen, und ich bin mit meiner silbervioletten Flamme in euch und unterstütze alle Transformationsprozesse.

Gebundene, blockierte Energie solltet ihr immer freisetzen, und diese Prozesse sind anstrengend. Später werdet ihr dies mit großer Leichtigkeit tun, aber bis dahin braucht ihr noch etwas Unterstützung und Übung.

So, das war der erste Akt.

Ihr habt das alles praktiziert und seid im Moment an einem Punkt, an dem ihr eine bestimmte Energie, ein bestimmtes Gefühl verarbeiten möchtet. Vielleicht ist es ja gerade das negative Selbsturteil, wenn wir dieses Beispiel an dieser Stelle einmal betrachten wollen.

- *Atme dich siebenmal tief in dein Herz. (beim Ausatmen gehe immer tiefer).*
- *Siehe das diamantene Schimmern, nimm das Kraftfeld wahr – deinen Herzraum.*
- *Geliebter Meister Saint Germain, ich bin jetzt tief in meinem Herzen mit dir vereint.*
- *Ich bin hier!*
- *Spüre jetzt das (eventuell bedrückende) Gefühl, nimm meine Präsenz, meine Liebe wahr.*
- *Jetzt fühle dein Problem in aller Liebe und Achtung, denn du hast es schließlich selbst erschaffen. Zwar unbewusst, doch genau an diesem Ort. Und nur du selbst kannst es nun hier wandeln.*

- *Lade es tief in diesen Raum ein, stelle es in dieses Kraftfeld.*
- *ES IST JETZT transformiert! – und das war es!*

Sag nun noch einer, das ist eine lange Meditation! (Anmerkung: Ja, es ist perfekt, danke!)
Tut dies in vollem Gewahrsein, weil wir euch gerade dann sehr nahe sind.

Ich habe euch alle ins Herz geschlossen und verweile bei jedem von euch sehr gerne. Ich sende euch mein Licht und meine Liebe auf euren Weg und bin der einzigartige, wunderbare magische Meister Adamus Saint Germain, der immer mehr in Verbindung mit euch ist und euch mit seinem zauberhaften Charme umgibt. (Breites Grinsen!)
So sei es!

Wir danken dir, geliebter Meister, für alle deine originellen Ratschläge, für deine Übertragungen und tollen Tricks aus der Zauberkiste.

Kleine Geschichte aus dem Jetzt

Lasst mich nun noch diese kleine Geschichte erzählen, die ich ganz sicher nicht umsonst jetzt gerade erlebt habe.

Gestern Abend, als ich meine Tochter in die Stadt fuhr, blinkte plötzlich ein gelbes Zeichen in meiner Anzeige – Motor, Katalysator, Motorelektronik. Um Gottes Willen, das auch noch! Was ist denn das schon wieder? Ich habe mich ja nun bereits an die vielen Computerabstürze gewöhnt, an verschwundene Dateien, an flackernde Lampen, an das Knacken und Knistern in den Räumen, und ich komme damit klar, weil ich finde, es wird immer weniger nervend und belastend, je weniger ich mich darüber aufrege.

Nun aber kam mein liebes Auto dran, welches ich aus lauter Freude auf „VW-Ferrari" (rot) getauft habe, damit der „Kleine" zügig vorankommt und immer etwas gestreichelt wird.

Es war überhaupt eine tolle Begebenheit, wie ich zu diesem Wagen gekommen bin. Als ich unlängst dringend ein neues (gebrauchtes) Auto benötigte und wir damit gleich nach Italien fahren wollten, kam ich etwas in Bedrängnis, denn selbst zwei Wochen vor dem Urlaub zeigte sich noch nichts am Horizont. Mein vorheriger Wagen, „Goldpfeil" genannt, wurde aufgrund der genannten Krisen eingezogen, und so musste ich in der dazwischenliegenden Zeit sehen, wie ich klarkam. Es funktionierte, keine Hürde, dennoch ist es mit Gefährt entspannter.

Also, die Zeit rieselte mir durch die Finger. Weder Geld noch ein Auto war in Sicht. Natürlich kann jeder, der genug Geld auf dem Konto hat, ins Autohaus gehen und sich einen Wagen aussuchen und kaufen. Aber nicht ich (es darf ja spannend bleiben).

Jedenfalls, wie gesagt, es war weder Geld da, noch ein gutes Auto in Sicht. Ich schreibe hier ja dieses Buch nicht umsonst. Ich ging in die Manifestation – genauso, wie ich es euch in den folgenden Kapiteln beschreibe. Ich atmete mir einen schönen, schnittigen Passat mit allem Drum und Dran in meinen Herzensraum, bat alle Engel um Hilfe, bat auch im Finanziellen um eine Lösung und bedankte mich überschwänglich für die Hilfe von allen Seiten, denn schließlich hatte ich ja das Auto in meinem Herzensraum schon berührt, saß schon drin, hatte das Fahrgefühl schon gespürt usw.

Tatsächlich kam am nächsten Tag, ich hatte im Internet meine Suche gestartet, die schon seit Wochen erfolglos lief, ein wunderschöner ferrariroter Passat rein, leider 400 km weit weg von meinem Standort. Nun, wir fuhren dorthin und besahen uns das Fahrzeug. Wer weiß denn aber, ob dieser Wagen, an diesem Ort, ohne Check in einer Werkstatt und nur mit meinem halbseidenen Wissen über Technik in einem pfälzischen Dorf im Hinterhof eines syrischen Autoverkäufers nun genau der richtige sein kann? Nichts gegen syrische Autoverkäufer – nein, der war wirklich nett. Aber versteht ihr, worauf ich hinaus will? Ich hatte noch nicht einmal mehr zwei Wochen. Allein die Anmeldung, Versicherung und Bankbestätigung dauern meist länger.

Ich setzte mich voller Unsicherheit in das Gefährt und fuhr einige Kilometer, um wenigstens vom Gefühl her etwas herausfinden zu können. Na ja. Als ich dann überhaupt nicht wusste, ob, wie und was, öffnete ich so – rein zufällig – die Armlehnenklappe am Fahrersitz,. und ich war total baff – lag darin ein niedlicher, schneeweißer kleiner Engelsflügel In diesem Moment bekam ich einen Schauer und den Satz: „Es ist wirklich das Beste, was wir dir in der kurzen Zeit besorgen konnten." Hallelujah, ich hatte Freudentränen in den Augen und war total begeistert, denn ich hatte mir ja ausdrücklich ein Zeichen bestellt.

Die Kaufentscheidung war also getroffen, ging es alsdann „nur noch" um die finanzielle Abwicklung (ich zäume hin und wieder gerne einmal das Pferd von hinten auf).

Wie schon erwähnt, das Geld lag ja nicht auf meinem Konto vorrätig. Da begannen sich schon wieder Hürden über Hürden aufzutürmen. Die Bankabwicklung würde mindestens eine Woche dauern, doch brauchte ich ja alle Papiere für Anmeldung und Versicherung – normalerweise nicht möglich in so kurzer Zeit. ES SOLLTE ABER SO SEIN! Zwischendurch kam dann (aufgrund der früher beschriebenen Krise) eine Absage von der Bank. Das wars dann, dachte ich so. Ich war selbst gar nicht da, weil ich ein Seminar in Berlin hatte und noch weitere andere Verpflichtungen. Ich hatte für mich einen Flug von Berlin nach Mailand geplant, also überließ ich alles dem Selbstlauf, wobei ich natürlich fairerweise sagen muss, dass der Rest meiner Familie auf dem Weg nach Italien sowieso in der Höhe des VW-Ferraris vorbeifahren musste. Ich machte noch eine letzte Meditation zum Thema Auto und sagte dem kleinen Roten klipp und klar: „Also, ich freue mich total, wenn du zu mir fließt, aber wenn es nicht so sein soll, dann werde ich auch weiterleben", und ließ alles vollkommen los, ohne Erwartung.

Als ich dann in Mailand auf dem Flughafen ankam, stand meine Familie mit dem ferrariroten VW da. YES! Was ich damit noch einmal klar und deutlich zum Ausdruck bringen will, ist: Macht euch einfach keine Vorstellungen davon, WIE es passieren soll. Fixiert euch auf das Ziel.

In diesem Fall war mein lieber Vater der Erfüllungsgehilfe meiner ausgerichteten Energieflüsse, doch damit war im Vorfeld keinesfalls zu rechnen.

Nun lasst mich die Geschichte zu Ende führen, es kommt ja noch besser. Nicht nur, dass wir einen wunderbaren Familienurlaub am Gardasee und in den Dolomiten hatten – auch das rote Auto fuhr bestens.

Hier zu Hause nun, jetzt gerade, zeigte sich also in meinem Gefährt ein Signallicht, und ich musste etwas unternehmen. Also meditierte ich erst einmal mit den Engeln der Technik, mit Erzengel Michael, in meinem Auto und rief alle herbei, dass sie mir helfen mögen. Am nächsten Morgen – nichts, die Signalleuchte war immer noch da. Ich fuhr also zur Reparaturwerkstatt. Der Wagen wurde gecheckt, und da tauchte plötzlich ein Fehler nach dem anderen auf. Ich verlor schon alle Hoffnung und überlegte, ob ich überhaupt noch weiterfahren könnte. Indes wippte der Werkstattmeister bedenklich mit dem Kopf und meinte beiläufig: „Sieht gar nicht gut aus, da kommen mehrere

Fehlermeldungen." Na schön, dachte ich. Da haben wir den Salat. Nichts mit perfektem Auto, alles nur verdeckte Mängel.

Ich musste ewig warten – so eine Stunde etwa, und ich warte nun mal nicht gerne – wer tut das schon. Also löste ich als Pausenbeschäftigung wieder einmal meinen Widerstand zum Warten auf. Ich schaute in den Himmel und erblickte wunderschöne Engelsflügel und eine seltsame Dreierwolke. „Ein Zeichen", dachte ich. Ich rief noch einmal die Engel der Technik, Erzengel Michael und die grüne Tara an und bat sie, doch bitte mein Auto jetzt zu reparieren, und wenn schon eine Reparatur sein müsse, dann bitte preiswert.

Mein VW-Ferrari stand dann eine Weile rum und „atmete" ruhig vor sich hin, dann kam der Werkstattchef herein und meinte: „Probefahrt". Die Techniker haben es ja nicht mit langen Erklärungen – aber Jungs, ich verstehe euch schon.

Probefahrt also. Er kam zurück und sagte: „Nichts mehr da." „Wie jetzt?", fragte ich. „Ich sehe nichts mehr", meinte er wieder. Schön und gut, dachte ich, das geht uns ja allen öfter mal so, und er bemerkte noch einmal, dass jetzt einfach alles weg wäre an Blinkzeichen. Und die ganzen Fehler, die da angezeigt haben? (Wo ich schon glaubte, mein Auto sei der totale Schrott – pardon mein Kleiner.) Ja, das ist als „Komfort" zu verstehen, was immer das auch heißen sollte.

Also wie, jetzt gar keine Reparatur? Nein, im Moment nicht, aber wenn mal wieder etwas aufleuchtet...

Ich fühlte, dass sich alle Engel mit mir freuten und bekam freudige Schauer ab. Mit feuchtem Blick lächelte ich dem Mann zu und zahlte meine Mini-Rechnung für den Check. Juchu!

Das sind Manifestationen, ihr Lieben. Wir können das doch alle, oder?

Mit meinem Computer klappt das schon längere Zeit, da arbeite ich meistens mit Erzengel Michael, weil der ein gutes Händchen für Technik hat. Außerdem ist er ja sowieso häufig anwesend und weiß schließlich, wen er zu rufen hat. Wichtig ist, dass wir hierbei nichts erwarten sollten, das legt uns fest. Wir kanalisieren die Energien aus dem vertikalen Fluss ausschließlich in ein positives Ergebnis, und die Geistige Welt bewegt die Teilchen mit unserem Höheren Selbst in die ideale Konstellation. Denn auch ein Computer oder ein Auto sind nur Teilchen. Und Teilchen, also Materie, ist ebenso Energie.

Wow, heute fühle ich mich wie in der Fünften Dimension, kann ich euch sagen. Denn genauso habe ich mir die Geschichten da immer vorgestellt.

Alles verläuft synchron, die guten „Zufälle" häufen sich, alles ist leicht und voller Licht und Freude.

Und ich habe dieses natürlich heute erlebt, damit ich es euch hier gleich aufschreiben kann.

Und es ist wahrlich nicht die einzige Geschichte, die ich rund ums Auto erlebt habe. Ich stand schon nachts auf Autobahnen, nichts ging mehr, und ich hatte nur noch eine Alternative: die Engel zu bitten.

Immer und immer wieder kam Hilfe, oder plötzlich fuhr das Auto doch noch unerklärlicher Weise bis nach Hause, und so weiter. Alles Geschichten, die mir normalerweise kein Mensch abnehmen würde. Aber was ist schon normal?

Leider leuchtete das Signallicht viel später doch wieder. Und so musste ich dann noch einmal in die Werkstatt, und es wurde etwas teurer. Seltsamerweise hatte ich zu dem Zeitpunkt dann – Wochen später – genau diese Summe übrig und konnte sie auf den Tisch blättern. Also wenn die technische Hilfe nicht umfassend energetisch gewährleistet werden kann, dann helfen sie uns mit witzigen Kehrtwendungen, Einfällen, plötzlichen Geldeinnahmen oder vielen anderen Möglichkeiten aus der Patsche. Auf jeden Fall kommen wir immer weiter. Sie sind eben so goldig – unsere Engel!

Nimm dein göttliches Erbe an

Du bist göttlich, und du hast die Chance, deinen Aufstieg innerhalb dieser Inkarnation wirklich bewusst zu erfahren, denn wir leben in einer Endzeit und stehen direkt am Tor einer völlig neuen Epoche: dem Goldenen Zeitalter oder Wassermannzeitalter (es gibt noch weitere Bezeichnungen). Seit der Harmonischen Konvergenz 1987 durchlaufen Mutter Erde und die gesamte Menschheit die Intensivphase der Wandlung, die genau am 21.12.2012 enden wird.

Wer könnte nun diese Zusammenhänge treffender formulieren als Sabine Wolf von Kristallmensch:

„Der Zeitenwandel begann um 1875 und endet mit Ablauf des Jahres 2012. Die Kernphase des Zeitenwandels begann 1987 mit dem Einspeisen des geist-elektrischen Stroms in das neue Erdgitternetz, das bis zu diesem Zeitpunkt von der Spezialeinheit Kryon geflochten worden war.

Das Fischezeitalter, das mit der Geburt Jesu begonnen hatte, endete endgültig im Jahre 2001, und seitdem herrscht das Wassermannzeitalter allein. Die Übergangszeit dauerte 130 Jahre. In dieser Zeit herrschten beide Zeitalter nebeneinander, und jedes gab das Seine in euer Leben hinein. Die letzte Phase dieser Übergangzeit, die vierzehn Jahre zwischen 1987 und 2001, war in der Tat eine heiße Phase in eurer Evolution.

2001 fand der Wechsel von den Fischen zum Wassermann statt. Dies war ein Wechsel zweier Zeitalter inner-

halb einer Dimension, nämlich der Dritten. Solche Wechsel
(Zeitalter) gab es oft, sie führten euch durch eure seelische
Evolution und wiederholten sich zyklisch alle 2000 Jahre.
Zur dieser Zeit jedoch, 2001, fand ein weiterer Wechsel
statt: Euer bisheriger Seelenzyklus stieg auf zum Geistzy-
klus. Dieser Wechsel ist kein zyklischer sondern ein ein-
maliger, denn er führt euch nun von eurer seelischen zur
geistigen Evolution. Dieser Wechsel (Zeitenwandel oder
Zeitenwende) beschreibt den Übergang eures Lebens von
der Dritten in die Fünfte Dimension.

Das Zeitalter der alten Zeitalter auf der alten Erde geht
zu Ende, und ein neues Leben beginnt mit neuen Ener-
gien auf der Neuen Erde. Noch ist dieses Neue nicht zu
erfassen und zu beschreiben, dennoch gibt es schon viele
Namen dafür. Wir nennen es in unserer Neuen Schöp-
fungsgeschichte: zweites Kristallzeitalter."

(Weitere favorisierte Informationen, Lehren und Lektionen unter www.kristallmensch.net.)

Wenn du JETZT den Weg in Richtung Aufstieg wählst,
hast du durch diese Ausrichtung eine enorme Unterstützung. Weißt du, was das bedeutet? Schwammen wir geistig Interessierten und vor uns viele Anhänger der alten
Mysterienschulen noch vor Jahren absolut gegen den ab-
wärts (verengend) gerichteten Strom, um damit bereits erste Richtungskorrekturen vorzunehmen, damit das Neue
Zeitalter eingeläutet werden kann, so hat sich die Fließrichtung jetzt zu unseren Gunsten verändert. Alle Ener-

gien streben aufwärts (oder besser: ausdehnend), und es ist nun fast ein Leichtes, sich vom Fluss mitreißen zu lassen. Jetzt verkehrt sich das Leben, wie wir es kennen, immer mehr ins Gegenteil, und wir dürfen zusätzlich zum bisher Gelebten auch die Erfahrungen des entgegengesetzten Pols durchlaufen, weil sich alles verschiebt. Die Pole verschieben sich, und damit verändern sich natürlich auch die Qualitäten der Energien. Bisher lebten wir den linearen Verlauf: Gestern – heute – morgen, oben – Mitte – unten, rechts – Mitte – links, vorher – jetzt – nachher, kalt – warm – heiß, Armut – Mittelstand – Reichtum.

Jetzt dehnen wir uns in alle Richtungen aus, werden fünfdimensional. Wir durchlaufen unsere Prozesse, beenden die entsprechenden Lektionen, bis sich diese Energien in uns gänzlich integriert haben. Dann können wir in alle Richtungen denken, fühlen, handeln. Das heißt, wir können es bereits jetzt, doch wir haben vergessen, wie es geht.

Es warten nun einzigartige Potenziale auf jeden Einzelnen von uns, und es liegt an jedem selbst, wie schnell er den Aufstieg vollzieht.

Die Beispielgeschichten sollten euch nur einen kleinen Ausblick geben, wie sich das vorerst im gelebten „Alltag" zeigen kann. Wir werden dann nicht nur in der Lage sein, den gegensätzlichen Pol von Mangel und Armut zu erfahren, von Alt, Krank oder Begrenzt. Auch die, die jetzt bereits die jeweils andere Polarität leben (Reich, Gesund, Berühmt), können bei mangelnder Ausrichtung genauso in die Gegenrichtung abfallen. Wir haben in 5D die Mög-

lichkeit, völlig verschiedene Qualitäten und Niveaus innerhalb unseres Zeit-Raum-Gefüges zu erfahren, und das
teilweise sogar zeitgleich. Denn selbst die Zeit ist nun eine
dehnbare, nicht mehr linear erfassbare Größe geworden,
mit der unser bewusstes Sein virtuos umgehen lernt. Das
soll heißen: Wir fahren beispielsweise in ein fernes Land
und möchten dort die Schwingungen der Menschen und
Landschaften erforschen. Es wird völlig gleich sein, ob wir
sagen: Ich bin mal zwei Wochen weg, oder: Ich war zwei
Jahre im Ausland. Wir können lernen, die Zeit völlig neu
zu definieren. Wir bestimmen (entscheiden) nun unser Le-
bensniveau, unsere Gesundheit und in wenigen Jahren
unser Alter und unser Aussehen. Alles ist Frequenz, alles
ist göttliches Licht. Wir sind die Frequenzwandler.

Genau das ist unser göttliches Erbe – unsere Realität
zu formen und zu bewegen. Das allerdings kann nur unser
erweitertes Bewusstsein, denn diese Bewegungen kann
unser (3D)-Verstand nicht mehr erfolgreich umsetzen,
und er kommt bereits jetzt empfindlich an seine Grenzen.
Auch er wird sich wandeln. Hier agiert unser Seelenselbst
in Verbindung mit dem göttlichen Geist immer in Liebe und
zum Wohl des Ganzen.

Vielleicht kann die folgende Skizze die neuen Fließ-
richtungen mehr verdeutlichen.

Die Körper-Energietore (Chakren)
in horizontaler und vertikaler Ausrichtung

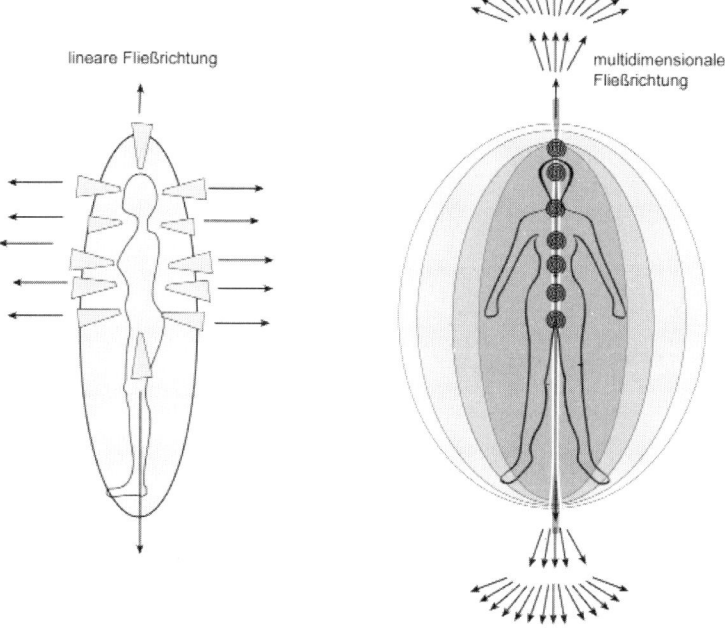

lineare Fließrichtung

multidimensionale
Fließrichtung

Meister Kuthumi spricht über neue Wege des Wissens

Kuthumi, auch als Koot Hoomi oder Koot hoomi Lal Singh bekannt, lebte in seiner letzten Inkarnation in Punjabi, Kashmir. Er war Brahmane, Eingeweihter des höchsten Grades, und kam Mitte des 19. Jahrhunderts auch nach Europa: 1850 besuchte er die Oxford-Universität, 1854 veröffentlichte er das Dubliner Universitätsmagazin und verbrachte anschließend einige Zeit in Dresden, Würzburg, Nürnberg und an der Universität in Leipzig. Kuthumis Auftrag war es, die innere Bedeutung des östlichen Buddhismus der westlichen Welt zugänglich zu machen. Nach dem für ihn gescheiterten Versuch kehrte er zurück in seine Heimat. Von dort aus reiste er nach Tibet, Shigatse. Zurückgezogen in einem tibetischen Kloster, unterrichtete er seine Schüler in der westlichen Welt über Lehrbriefe. Kuthumi offenbarte sich 1874 Helena P. Blavatsky und wurde einer der Meister der Adyar-Theosophischen Gesellschaft. Er wird beschrieben als Meister der Weisheit aller Zeiten, geduldig und sanftmütig.

Frühere Leben von ihm waren Thutmosis III , Prophet der Pharaonen, der Amun Ra (Sonnengott), Pythagoras, Balthazar – einer der eingeweihten Könige, die zur Geburt Christi kamen, Heiliger Franz von Assisi in Italien.

Als Sha Jahan ließ er 1631 das Taj Mahal in Agra erbauen.

Kuthumi erlangte die Meisterschaft der Erde 1889, indem er sein Wesen in absolute Übereinstimmung mit dem

universellen Sein brachte. Er gehört der Weißen Bruderschaft an und dient jetzt der Menschheit als Weltenlehrer.
Er offenbart sich den Menschen, die ihn rufen, und übermittelt Botschaften des Lichts auf der ganzen Welt. Die
ihm zugeordnete Farbe ist Gold.

(Quelle: Internet und „Die Gegenwart der Meister" von
Jeanne Ruland)

*Ich grüße euch in der Liebe und im Licht des ALLEI-
NEN, ich bin Kuthumi und reise auf dem goldenen Strahl
zu euch. In dieser Phase der Fortbewegung hin zu neuen
Bereichen eures SEINS ist es von Bedeutung zu erkennen, dass die Schatten, die derzeit in euren Lebenssituationen, Körpern und Gefühlen zutage treten, allein mit dem
Durchdringen von tieferen Schichten der Existenzebene
erscheinen. Immer wenn ihr einen Schleier transformiert
habt, zeigt sich das, was als Nächstes darunter erscheint,
um geöffnet und anerkannt zu werden.*

*Wir Lehrer und Lenker können diese eure gewählten
Aufgaben mit unseren Gaben und Strahlen begleiten, um
euch bei der Entwicklung in ein universelles Selbst behilflich zu sein. Doch sollt ihr uns eure Bereitschaft und den
Wunsch nach unserem Beistand zeigen. Denn nur das
öffnet uns die Tore um zu euch vorzudringen und eure
dichteren Felder zu durchlichten. Meine spezialisierte Aufgabe ist es nun, euch mit meinem Wissen in jeder Form
zu dienen, die ihr euch vorstellen könnt. Was heißen soll,
dass Wissen nicht nur in der Form von Worten zu euch
dringt, sondern vielfach auf neuen Wegen zu euch gelangt.*

An euch ist es nun, das Wissen in eure Ebene hineinzuziehen, um es dann durch gelebtes Sein zu erfahren. Wisst, dass das Erlangen von Fülle und Reichtum ebenso in Verbindung steht mit Wissen und – auch mit Macht. Dieses nicht im herkömmlichen Sinn von Anhäufung materieller Güter und die darauf begründete Ausübung von Macht gegenüber anderen Aspekten des SEINS. Ich meine Wissen im Sinn von Erkennen der Zusammenhänge eurer göttlichen Herkunft und der daraus resultierenden Umsetzung des Inkarnationsauftrags, den es für jeden Einzelnen in der Ebene der materiellen Dichte zu bewältigen gilt.

Das neue geistige Erforschen bietet euch die Möglichkeiten, mit den Facetten eures Wesens zu verschmelzen und die gewonnenen Erkenntnisse und Erfahrungen zu nutzen, die euch durch neue Sichtweisen und erweiterte Wahrnehmung sowie durch transformierte Verstandesstrukturen zur Verfügung gestellt sind. Auf diesem Weg erkennt ihr, dass sich Macht aus euch selbst gebiert, und könnt fortschreiten, das Leben so zu formen, wie ihr es für richtig haltet. Denn die Macht des Geistes, die sich mit jedem Erkennen und Erfahren in euch öffnet, befähigt euch, wahre Manifestation zu bewirken. Hiermit ist nicht der Gebrauch des Wissens so zu verstehen, wie ihr ihn Jahrhunderte lang auf euren Universitäten der sogenannten Wissenschaften studiertet, wo ihr vornehmlich trainiert wurdet, Fakten und Zahlen im Speicher des Gehirns zu behalten. Genau besehen ist es doch so, dass dieses tote Wissen ohne Anwendung und Erfahrung kein Mensch mehr braucht, da ihr doch technisch so weit fortgeschritten seid, um eure Computer mit demselben zu speisen, bis deren Kapazitäten erschöpft sind.

Ich möchte diesbezüglich auch eure Blicke auf einen wesentlichen Aspekt der Machthaber des Planeten lenken, die diese Vorgehensweise seit hunderten von Jahren praktizierten, um die Potenziale, die in euch sind, keinesfalls zum Erblühen zu bringen. Wurde ein Student der Wissenschaft mit universitärem Druck nur dann zum intellektuellen Corps zugehörig, wenn das tote Faktenwissen erfolgreich und abrufbereit gespeichert wurde. Damit verfolgte man ein ganz anderes Ziel: dass ihr nicht eure beiden Hirne – sowohl das intuitive wie auch das rationale nutztet, sondern dass sich alles auf den linkshemisphärischen Bereich – die Ratio – konzentrierte. Was also vollkommen gegen eure Natur ist.

Damit hielt man euch in einer unbewussten und übermäßig beanspruchten Welt des Erklärbaren, des Intellekts, des Logischen, des Linearen und hielt euch gefügig und straff am Zügel der Lehrmeinung. Darüber hinaus wurde durch diese erzwungene Art künstlicher Bildung nicht nur das Niveau eures Bewusstseins flach gehalten, sondern vor allem auch der vitale körperliche Zustand. Nicht zuletzt litten und leiden eure Kinder heute noch darunter. Werden doch gerade sie durch Unterstützung jener falschen Denkart auf breiter Linie gezwungen, gestutzt und zurechterzogen. Seht, wie die Kinder sich oft quälen, um den künstlichen Anforderungen eines Schulsystems gerecht zu werden, das niemals ihrer Natur und ihrem Wesen entspricht.

All das diente ausschließlich dazu, die Machtstrukturen einer Spezies zu erhalten, die nicht daran interessiert war, eure Entfaltung hinein in ein allumfassendes Denken, Fühlen und Handeln zu unterstützen. Was bedeutet das? Ein Wesen mit der komfortablen Ausstattung eines Gottmenschen, ein universeller Geist, würde deren Unterdrückung und Bevormundung nicht nur durchschauen, sondern noch viel schneller erspüren. Das war es, was sie um jeden Preis verhindern wollten. Denn über diese Fähigkeit, den Geist frei zu entfalten, kommen völlig andere Ausrichtungen, andere Sichtweisen und die Erfahrung einer Ganzheitlichkeit hinzu, die es unbedingt zu verstecken galt. Bis heute sind sie erfolgreich mit ihrer Strategie verfahren. Millionen von euch haben genickt und zugesehen.

Wissen, geliebte Erdenbrüder und -schwestern, kommt eben nicht durch Fakten herein, sondern durch die Fähigkeit, es zu fühlen, es in inneren Bildern und Sequenzen zu erleben, zu erfahren und daraus zu erkennen, zu vernetzen, zu verstehen. Diese genau umgekehrte Vorgehensweise transzendiert den Verstand in eine viel höhere Ebene und entwickelt die Fähigkeit, mit dem Herzen zu agieren und im Herzen zu SEIN. Ich möchte euch nun erinnern, dass ihr diejenigen seid, die das mit sich haben machen lassen. Nur wenn ihr das anerkennt, könnt ihr die Tore in euch aufstoßen, die euer wahres Wesen, eure wahre Macht, euer wahres Wissen, das in euch ist, offenbaren.

Die Dimensionstore stehen weit offen für jeden, der die Entwicklung in sein umfassendes SEIN anstrebt. Es *gab nie zuvor solche Zugänge auf Wegen, die nunmehr jeder von euch erreichen kann und darf. Nehmt euer göttliches Erbe an!*

Mögen meine Worte nun an euer Ohr dringen, um euch in die Erkenntnis zu bewegen, wie der Weg in die Erinnerung – wer ihr wirklich seid – gezeichnet ist. Wenn ihr entschieden habt, euch ab JETZT dem wahren Wissen zuzuwenden und bereit seid, euch in alle Richtungen zu öffnen, helfe ich euch mit meinem goldenen Strahl, diese Tore zu durchschreiten. So sei es.

Ich bin Kuthumi, und ich lehre euch, die Wege die Wahrheit in euch selbst zu finden und die Siegel zu durchbrechen, die euch auferlegt wurden. Ihr seid auf dem Weg zum Kosmischen Menschen, und es steht euch eine brillante Ebene in Aussicht, die ihr durch Selbstbemeisterung erreichen werdet.

ICH BIN Kuthumi, in der Liebe und im Licht des ALL-EINEN.

Thoth – Ein neues Kapitel

Ich habe das Gefühl, dass die Energien immer stärker werden, und seitdem ich begonnen habe, dieses Buch zu schreiben, sie sich intensiv um mich herum, durch mich hindurch und auf meine ganze Umgebung auswirken. Es ist einfach magisch, ich kann es nicht anders beschreiben.

Alles passiert so, weil ich es gleich hier in diesem Buch mit verarbeiten soll. Genauso soll ich euch am ehesten begreiflich machen, wie die fünfdimensionalen Kräfte funktionieren – wie die Neue Energie quicklebendig formt und schafft. Ich schmeiße alte Inspirationen wieder raus (ich hatte ja geglaubt, dass ich mich auf irgendetwas stützen könnte, was ich bereits an Vortagen schon geschrieben hatte). Weit gefehlt. Alles ist neu, alles ist Jetzt, und sonst zählt NICHTS. Das ist auch ein Merkmal der Neuen Zeit. Aber lasst euch eine kleine Begebenheit schildern, die sich gerade eben – also im ewigen JETZT – vollzog. Ich lese zur Inspiration und auch zur Entspannung – für mich – meist verschiedene Bücher auf einmal. Je nach Gusto. Es ist vielleicht damit zu vergleichen, dass wir ja beim Essen auch nicht immer dasselbe zu uns nehmen möchten.

(Übrigens könnt ihr an den Vorlieben für eure Nahrung am besten erkennen, wie ihr euch verändert. Einerseits schmeckt ihr plötzlich intensiver die Essenz der Nahrung, andererseits werdet ihr bereits festgestellt haben, dass ihr euch öfter zu natürlicher, unverarbeiteter Nahrung hingezogen fühlt. Darüber hinaus schmecken wir mehr Dinge heraus, wie feine Kräuteraromen, harmonisch abgestimmte

Gewürzmischungen, feine Öle und den Charakter der jeweiligen Zutaten – eben die Botschaft der Nahrung. Ich rieche oder schmecke, wenn Geschmacksverstärker oder andere chemische Zusätze die Nahrung herabsetzen, oder wenn die Zutaten nicht mehr ganz frisch waren. Die verfeinerten Sinne – feineres Schmecken, Riechen, Fühlen, Wahrnehmen allgemein – zeigt, dass wir uns entwickeln und unser körperliches Gefährt sich stark verändert.)

Nun – ich lese gerne spirituelle Bücher und fühle sehr gut, wie ich in Resonanz mit der Energie bin. Ich hatte dabei bereits mehrfach Erlebnisse, die so stark waren, dass ich Heulkrämpfe bekam und danach erst einmal in einen Tiefschlaf fiel, um die Energien zu verarbeiten.

Heute war es aber so intensiv, dass ich meine Tochter gerufen habe, weil ich wissen wollte, ob sie das ebenso fühlt, oder ich mir das nur einbilde. Jeder fühlt ja völlig anders.

Thoth war da, und sie nahm diese Schwingung auf und war platt – einfach so. Sie gähnte (wie öfter, wenn wir Energien integrieren oder wandeln) und war berührt von der Intensität der Kräfte, die da wirkten. Dann musste sie sich erst einmal ausruhen, da Energie ja integriert werden möchte.

Also, Thoth ist da. Ich habe noch niemals diese Energie kanalisiert und hoffe, es gelingt mir gut. Ich gebe mein Bestes.

Ich stelle meinen Kristallschädel so auf, dass er direkt neben mir positioniert ist, und mehrere andere große Kristallspitzen, denn sie speichern diese Energien und dienen mir im Falle des Energieabfalls dazu, den Raum gleichbleibend in Schwingung zu halten. Ihr könnt euch nicht vorstellen, welchen Kopfdruck ich habe, und es zieht erbarmungslos die Wirbelsäule hinunter. Nun gut.

Botschaft in der Energie von Thoth

Ich grüße euch, ihr geliebten Wesen, und ich bin hier, weil ich euch wichtige Mitteilungen zu machen habe.

Geliebte Menschenwesen dieser Erde, auf der ich auch in verschiedenen Zeitaltern wandelte, ihr steht vor großen gewaltigen Toren eurer Selbsterkenntnis und Rückerinnerung, die sich in den nächsten Augenblicken (Tagen, Monaten) für euch öffnen werden. Ich bin hier, um euch noch einmal in aller Deutlichkeit darauf aufmerksam zu machen, dass es für jede Seele äußerst schmerzhaft werden kann, wenn sie sich den einfließenden Strömungen entgegenstellt. Bemüht euch also mit aller Konsequenz – auch über eure täglichen Verpflichtungen hinweg, offenzubleiben. Wenn ihr spürt, dass der Druck ansteigt, dass eure Beine kalt, eure Gliedmaßen steif werden, dann wisst, dass es höchstfrequente kosmische Energien sind, die wir in die Sphäre eures Raum-Zeit-Gefüges einspeisen. Ich habe Andrea dies spüren lassen, damit sie es euch an genau dieser Stelle beschreiben kann. Es kann sich tatsächlich anfühlen, als würde das Blut in euren Adern gerinnen, und es passiert bei jedem zu einer anderen Zeit, jeder von euch Individuen empfindet es anders.

Es gibt Herzsensationen (Herzdruck, Herzrasen, Herz-reißen über den gesamten Brustbereich) und viele andere Symptome, mit denen ihr in der folgenden Periode konfrontiert werdet. Daher ist es wichtig, einige der Techniken, die dieses Buch hervorbringt, aber auch die vielen anderen Möglichkeiten zu nutzen, die ihr vielleicht durch eure irdischen Meister und Lehrer kennengelernt habt. Macht davon Gebrauch, und das bitte nicht nur am Wochenende.

Für viele von euch ist ja nun Spiritualität zum Steckenpferd geworden, und ihr betreibt es so, als würdet ihr einem neuen kulturellen Genre frönen. Durchschaut diese große Illusion, meine Lieben. Wir sehen hier Gruppen und Gemeinschaften, die sich in weitere egozentrierte Konzepte verrennen und die alten 3 D-Vorstellungen aufrechterhalten. Darum geht es nicht, liebe Meister. Lasst bitte eure alten Denkstrukturen los. Seid wahrhaft und ehrlich zu euch selbst. Bemüht euch, ins freie Fließen zu kommen, egal, welche Konzepte euch früher gelehrt wurden und welche geistigen Schulen ihr durchlaufen habt. Es ist vorbei. Wir haben jetzt völlig veränderte Energien, und es geht ausschließlich um Resonanz in diesen Zeiten.

Fühlt, was die Energien mit euch machen, fühlt, was sich in der Gruppe bewegen und formen will, und kommt heraus aus eurem Verstand. Lange Zeit waren Worte und Aufklärungen das Wichtigste überhaupt, weil sie euch über euren Verstand in euer Herz geführt haben. Nun ist es wichtig – in Anbetracht der Ereignisse – dass ihr fließen lasst, was hereinkommen will, und fähig seid, ziehen zu lassen, was nicht mehr gebraucht wird.

Seht, wie sich die Ereignisse überschlagen, in euren Medien wird es täglich deutlicher. Ich appelliere an eure energetische Kraft, diese Chaos-, Angst- und Verwirrungsenergien anzunehmen und durch euch zu erhöhen. Das ist derzeit eure Aufgabe, Geliebte. Ihr dürft euch nicht mehr in Konzepten verstricken und an altem Lernstoff festhalten, denn so werdet ihr unweigerlich scheitern. Alles Festgefahrene – auch spirituell gesehen – wird im hereinfließenden Strom der Wandlung aufgelöst.

Viele von euch haben immer noch nicht ausreichend die Möglichkeiten und Wege der Neuen Energie erkannt. Es ist jetzt wesentlich, dass ihr euch darauf fokussiert. Ihr gebt allein durch eure Entscheidung das Signal für die Toröffnung. Es braucht keine Jahre oder Monate – ja, nicht einmal mehr Wochen, in denen eine völlige Wandlung stattfinden kann. Habt Mut, liebe Meister, neue Wege zu gehen, habt Mut, liebe Seelen, diesen Meistern aus reiner Intuition zu folgen und nicht 3 D-mäßig alle Erscheinungsbilder und Äußerlichkeiten abzuklopfen. Ihr werdet große Meister in eurer Gemeinschaft finden, die überhaupt keine Erfahrung haben und trotzdem gigantische Energiepotenziale hereinbewegen können, deren Erwachen innerhalb von Wochen und Tagen vonstatten geht, und die allein durch die Tore ihrer Augen, durch ihre Stimme, ihre Ausstrahlung mit euch in Resonanz sind.

Fühlt, was in den Feldern solcher Seelen mit euch passiert. Was verändert sich in euch? Es wird nicht ausreichen, festzustellen „er war ganz überzeugend". Wenn ihr diese verstärkten Energien erfahrt, dann solltet ihr Veränderungen spüren – oder ihr wart noch nicht offen genug.

Ich möchte euch darauf aufmerksam machen, dass ihr euch in dieser Phase der Wandlung zutiefst von eurer inneren Stimme leiten lasst. Es ist nicht mehr wichtig, was jemand über Jahre an Erkenntnissen und Erfahrungen mit einer speziellen Methodik gesammelt hat, selbst wenn es für ihn selbst von Vorteil sein mag. Es trifft schlicht nicht mehr für euch zu. Geht euren eigenen Weg – es ist der beste. Ihr werdet erkennen, dass die Wahrheit von heute bald die Lüge von morgen sein kann, denn es wird große Kehrtwendungen auch unter den Seelen geben, die bisher nicht unbedingt als spirituell galten. Ihr werdet es in eurer Politik und auch unter den sogenannten Prominenten erleben, da sie am ehesten ihre Erkenntnisse und Prozesse über die Medien verbreiten können. Selbst eingefleischte Mediziner oder Wissenschaftler allgemein, die sich seit Jahren im stillen Kämmerlein mit den Lehren der alten Meister oder Mysterienschulen befassen, werden hervortreten und offen ihre neuen Erkenntnisse und Überzeugungen preisgeben, die von ihrer geistigen Führung inspiriert wurden. Vertraut ihnen, wenn ihr Liebe fühlt in ihre Stimme (denn die Stimme lügt nicht), in ihrer Gestik und Mimik, in ihren Blicken. Das soll euer Leitfaden sein, damit folgt ihr der Neuen Energie und seid fünfdimensional verbunden.

Sicher wird es weitere Wortführer geben, die alleine durch ihren hochtrabenden Intellekt und ihre geschulte Rethorik das Zepter an sich reißen wollen. Daher machen wir euch ja genau darauf aufmerksam. Schaut ins Fernsehen *(wenn ihr wollt) und fühlt, was in eurem Herzen ist. Lest die Bücher und fühlt in die Energien der jeweiligen Autoren und deren Verbindung hinein. WERTET nichts! Fühlt für euch selbst, ob ihr in Resonanz seid. Vergleicht euch nicht mehr mit anderen, das bindet euch immer wieder an alte 3 D-Strukturen an. Ihr dürft die Bücher in die Hand nehmen, durchblättern und die Energien aufnehmen, so integriert ihr am schnellsten das Wissen, das Energie ist. Dafür braucht es in der Neuen Zeit keine langen Ausbildungen mehr. Jede Information, jedes Wort, alle Zusammenhänge und Erläuterungen sind gespeichert im Feld des Wissens, an das jede Seele JETZT angeschlossen ist. Ihr dürft euch gestatten, dass sich genau die richtigen Informationen zur richtigen Zeit in euch öffnen werden.*

Nur indem ihr erkennt, dass ihr euer individuelles Leben führt, dass ihr eure individuellen Energien kanalisiert und in euer Körpergefüge bringt, dass ihr eure individuellen Entscheidungen trefft – unabhängig von jedem anderen Wesen, koppelt ihr euch ab vom Massenbewusstsein und bringt euch ein in die neue Energiewelle der Verbundenheit zu Allem-was-ist. Ihr könnt keine Fehler machen. Das konntet ihr in Wahrheit nie, ihr macht nur neue Erfahrungen. Erkennt, dass ihr ein spezifisches Spektrum seid an Frequenzen, und je mehr ihr euch dessen bewusst seid, dass ihr allein am besten wisst, was euch fehlt, was ihr braucht oder mögt und es somit aus den universellen und irdischen Räumen zu euch fließen lasst, indem vervollständigt sich recht schnell diese Palette, und ihr werdet vollkommen unabhängig von den Frequenzen der anderen sein. Wohin es euch zieht, da warten heilsame Energien auf euch – auch wenn sie vorerst verdunkelte Anteile in euch öffnen. Vertraut auf euere innere Stimme. In vorherigen Kapiteln wurde die Wichtigkeit des Fühlens beschrieben, ich werde nicht näher darauf eingehen an dieser Stelle, doch ich unterstreiche diese Worte.

Ihr seid in der Lage, euch jetzt, in diesem Moment zu öffnen für euren Datentransfer aus dem Raum. Die Qualität der euch umfließenden Energien ist so hochkarätig, dass wir euch immer wieder darauf aufmerksam machen. Es liegt an euch selbst, zuzulassen, dass ihr eure wahre spezifische Energiesignatur hervorbringt und heilt, und es ist eine phantastische Möglichkeit, jetzt von langjährigen Erkrankungen frei zu werden, Depressionen zu überwinden, sich von alten Zwängen oder Süchten zu befreien, indem ihr immer wieder die Vervollkommnung eures Spektrums anstrebt. Wie gesagt, ihr könnt es, wenn ihr so wollt, völlig ohne fremde Hilfe tun, durch euer bewusstes SEIN. Lasst sich die Informationen setzen, fühlt die Schwingung meiner Worte.

Ihr verändert eure Energien, indem ihr bewusst seid, und ihr verändert auch die unzähligen niederfrequenten Schwingungen, die euch noch immer über eure horizontalen Kanäle erreichen, eben auch in dieser Art. Ihr seht, es gibt verschiedene Wege zum gleichen Ziel. Andrea wird euch einige Skizzen anfertigen, damit die Bilder leichter in euer Verständnis fließen, und ich werde ihr leicht über die Schulter blicken (Lächeln).

Gerade was über die Medien allabendlich hereinflattert in euer Wohnzimmer, – Horrormeldungen, Kriegsgesche-

hen und dunkle Szenarien – gilt es in dieser friedvollen Absicht zu erlösen.

BEWERTET diese Dinge nicht länger. Entzieht euch deren Sog, wieder in Bereiche der dichten Qualität abzusacken. Fühlt die Ströme, die sich in euch öffnen, lasst zu, dass ES passiert, und seid euch bewusst, dass ihr ES wandeln könnt. Denn ihr habt eure Türen und Tore ja geöffnet, dass ES hereinfließen darf, nun dürft ihr auch dafür sorgen, dass ES sich in euch wandelt. Je mehr sich von euch zusammentun, um GEGEN diese Dinge zu kämpfen, je mehr baut ihr Widerstand auf, der nichts anderes als Verstärkung bedeutet.

Mag sein, dass manchem dies bereits klar ist. Dennoch sollte es wieder und wieder erwähnt werden, denn allzu schnell geraten gerade die wesentlichen Informationen in Vergessenheit. Und es gibt dichte Kräfte auf diesem Planeten, die die Zyklen ebenso erkannt haben und nicht im Entferntesten an Wandel und Aufstieg interessiert sind, sondern lediglich am eigenen Machterhalt. Auch das ist ein Spiegel der Menschheit für all die Lebensinkarnationen, in denen sie das Zepter der Macht freiwillig abgegeben hat. Manipulativ versuchen diese Kräfte nun aber, mit all ihrem Einfluss, all ihrem Geld, aller Demagogie euch wieder zurückzukaufen. Euch so tief schwingen zu lassen, dass ihr wieder brav in den Einheitsbrei des Massenbewusstseins hineinspringt, den sie durchkochen, umrühren und obendrauf einen dicken Deckel packen.

Versteht ihr, was da läuft? Schaut also, geliebte menschliche Brüder und Schwestern, dass ihr wachsam

144

bleibt. Erkennt, was passiert, wenn ihr euch aufgrund von Bequemlichkeiten wieder und wieder der vermeintlich „leichten Kost" des Fernsehens bedient, anstatt euch lieber in die Natur zu begeben oder einfach mit euch selbst zu sein. Aus der leichten Kost, die da nicht nur über die Mattscheibe, sondern durch Autoradios, Haltestellen, Kaufhäuser, Praxen und Apotheken und dergleichen tönt, werden die Tore eures Hörens und Sehens erstürmt und verbarrikadiert. Am Ende könnt ihr diese ganz harten Brocken nicht mehr verdauen. Auf jedem Werbeplakat schlagen sie euch entgegen, in jeder Werbesendung, in euren Verkehrsmitteln, in sämtlichen Warteräumen. Dazu kommt der gesamte Frequenzsalat, bestehend aus Handy-, Computerstrahlung, Elektrosmog, Chemtrails, Funkwellen, Hochfrequenzstrom, Mikrowellen und was sonst.

Fühlt ihr, wie diese künstlich erzeugten Frequenzmuster latent an euch andocken und euch daher schwer ein Ausdehnen gelingen will? Erkennt, wie sie euch einkaufen – dieses Produkt für schöne farbenfrohe Locken (meist das blanke Gift, was durch euer Gehirn in euren Körper strömt) und die Sinne weiter vernebelt, dort der Riesen-TV (der noch mehr Strahlung produziert, euch noch mehr gefangen nimmt auf eurer Bequemlichkeitscouch), hier der Cocktail, der euch „gesund" machen soll, der schnelle Mikrowellen-Snack (verkorkste, disharmonische Energie, die euch erkranken lässt), dort ein neues Sportevent oder Kulturereignis, das euch schön ruhig hält, euch im Außen beschäftigt. All das, damit ihr nur nicht auf den klugen Gedanken kommt, mit euch selbst zu sein.

Durchschaut die Pläne, euch zu erniedrigen! Man hat euch Jahrhunderte so beherrscht, geliebte Seelen. Das ist nicht euer Geburtsrecht. Euer Geburtsrecht ist Freiheit und die Erfahrung eines lichtvollen SEINS auf Erden – mit allen daraus resultierenden Entwicklungen, Erkenntnissen und Erleuchtungen.

Es ist vorbei, dass ihr euch unterwerfen müsst! Es ist vorbei, dass ihr glauben müsst, ihr seid ganz allein und unfähig, etwas für euch und für den Fortschritt der Erde zu bewegen. Vorbei – ein für allemal! Nun ist es an euch, mit der Neuen Energie zu verschmelzen, die vielen Potenziale zu nutzen, die wir euch in unzähligen Büchern, Texten, Energieübertragungen, Bildern oder Musik überbringen. Ihr seid bereits frei, ihr seid machtvoll, ihr seid friedvoll und wissend – spürt ihr diese Energie? Was fühlt ihr jetzt? Hat sich etwas verändert in euch, wenn ihr diese Worte lest?

Oder legt ihr all das zu den anderen Skripten – auf Halde sozusagen?

Wie – fragt ihr? Indem ihr euch tagtäglich bewusst seid, dass diese Energie um euch ist, dass ihr sie bereits atmet, dass ihr durch sie lebt – allein das verstärkt eure Verbindung und Verschmelzung mit den hereinfließenden, hochfrequenten Energieströmen. Öffnet euch weit – so weit es geht, immer und immer wieder! Erst an dem Punkt, wenn ihr eure Frequenzen deutlich erhöht habt, können euch die niederen, dichten Schwingungen – einschließlich derer des Massenbewusstseins – nichts mehr anhaben. Ihr schwingt einfach in höherer Ordnung – versteht ihr? Ihr werdet immer mehr erkennen, dass ihr aus den Ge-

fahren von Unfällen und Verletzungen fließt, denn auch dies sind dunkle Potenziale, mit denen ihr in Anhaftung gehen könnt, wenn ihr eben „tiefer" (nur, um dies zu verdeutlichen) schwingt. Ihr werdet erkennen, dass euch die Massenangst vor mutierten Viren oder anderen Epidemien und Angstdramen nicht mehr erreichen kann, weil ihr eine ganz andere Ausrichtung habt. Weil sich ein gänzlich anderes Energiespektrum um euch herum, durch euch hindurchbewegt. Ihr beschäftigt euch mit völlig anderen Dingen, die für euch wichtig sind, und lasst eure wertvolle Aufmerksamkeit nicht mehr unbewusst in diese Kanäle fließen, höchstens im Bewusstsein, dass ihr diese mit dem Atem wandelt, für euch selbst, für eure Brüder und Schwestern.

Wendet das Wissen, das wir euch gerne überbringen, an, es kommt bereits über viele Kanäle zu euch, und jeder einzelne Kanal hat eine andere Ausdehnungskraft und geht mit Wesensaspekten eurer selbst in Resonanz. Erkennt auch unser Voranschreiten im göttlichen Plan, der verfügt, euch in das vollständige Bewusstsein zurückzuführen. Es öffnen sich immer mehr Seelen, um das Wissen, das sie kanalisieren, mit anderen zu teilen, auch das gehört zum Plan. Denn es gibt immer noch Seelen, die so verschlossen, so überdeckt und durchwirkt mit anderen Frequenzen sind, dass sie noch nicht mitbekommen haben, was wirklich läuft.

Und in dieser Weise ist es wichtig, euch in Gruppen zu versammeln, um eure Potenziale zu verstärken und mit dieser Energie Ausdehnung zu bewirken. Alle Gruppenaktivitäten mit einer ausdehnenden, geistigen Ausrichtung werden von den himmlischen Hierarchien unterstützt, geführt und getragen. Ihr könnt so für euch große Kraftfelder erzeugen und durch die neuen Schwingungen optimal wachsen und heilen. Jeder in der Gruppe soll aber die Möglichkeit haben, sich individuell zu entwickeln, zu entscheiden, zu fließen. Gerade das bedeutet ja, dass ihr Dichte transformieren könnt. Macht also keinen neuen spirituellen Einheitsbrei daraus, der euch verschließt. Die zu euch kommen, wollen ihre Frequenzen einbringen und eure aufnehmen. Es gibt meist tausend gute Gründe, warum eine Seele zu einer Gruppe stößt. Vielmals sind es geliebte Wesen, mit denen ihr in vergangenen Inkarnationen zusammen wart – auch damalige Feinde zeigen sich jetzt wieder verstärkt, um alte kriegerische Verstrickungen zu er- oder seelische Verabredungen einzulösen. Erkennt immer die großen Möglichkeiten dieser Transformation und welche Kräfte euch damit wieder zuteil werden. Andere werden durch die Führung der Geistigen Welt kommen. Alter oder Jugend, die intellektuelle oder selbst spirituelle Ausbildung und Erfahrung hat nichts zu tun mit ihrer Herzensqualität. Kehrt euch ab von diesen Äußerlichkeiten, den illusionären Erscheinungsbildern.

Mich ermuntert es, wenn ich sehe, welch großartige Reise ihr gerade dahingehend entfalten werdet, Geliebte! Ihr werdet kunterbunt werden, was euren äußeren Ausdruck anbelangt. Weil sich alles relativiert, verändert, durchmischt, verwirbelt. In diesen Zeiten werden dann die Menschen immer weniger Aufmerksamkeit auf die Etikette legen und – ganz im Gegenteil –, die antrainierten „guten Manieren" und die guten Sitten werden ebenso transformiert. Alles Künstliche, Unausgegorene, zwanghaft in Form Gedrückte wird sich wandeln.

Ihr werdet einen kunterbunten Reigen der schrillsten und witzigsten Ausdrucksformen jeder Seele in den Zeiten der chaotischen Wandlungsphasen erleben. Einige zeigen es euch heute schon, besonders die pubertierenden Jungen. Dort seht ihr, was sich bei euch allen abspielen wird, wenn die Hüllen fallen, wenn einbetonierte Verhaltensregeln wegsprengen, wenn die dunklen Anteile sich öffnen. So passiert es nicht selten, dass das weibliche Geschlecht, das sich jahrelang mit Diäten und Sportprogrammen straff und sexy erhalten hat, mit einem Mal aus allen Nähten platzt oder, anders herum, das sich ewige Dickerchen nun in schlanke sportliche Gestalten entwickeln. Ihr werdet sehen.

Aber das sind nur die Randerscheinungen, die wir euch als leichte, fröhliche Briese mit hereinbringen – darum geht es nicht wirklich.

Wenn wir eure Aufmerksamkeit nun noch einmal auf eure Mainstream-Medien lenken, dann möchten wir auch, dass ihr außer den genannten Dingen etwas anderes bemerkt: die große Öffnung, die wunderbare Kreativität und die Vielfalt der Ideen, die hier hervorkommen.

Mit vielen der kreativen Köpfe stehen lichte, kraftvolle Wesen in Verbindung und lassen in großen Strömen die geistigen Essenzen in die jeweiligen Formen und Strukturen fließen. Denn die Kreativität entspringt der rechten

Hirnhälfte, und diese verfügt über die Anbindung an Spirit. Daher ist es uns also ein Leichtes, zu manchem Designer, Filmemacher, Autor oder Maler vorzudringen – ja, dieses Mal beziehe ich auch die Werbung mit ein. Wisst, dass es immer um beide Seiten der Medaille geht. Weiß und Schwarz, Yin und Yang, Hell und Dunkel, entspringen immer derselben Quelle. Gerade in der schnelllebigen Werbebranche werden häufig auch Ideen eingebracht, die einer sehr hohen Ebene entsprungen sind. Beobachtet dies genauso wie die dunklen Energien, die aus den Kanälen tropft. Es wandelt sich auf allen Ebenen, Geliebte, ihr seht es und spürt es bereits jetzt.

Indem ich eure Aufmerksamkeit durch meine Erläuterungen auf die stattfindenden Abläufe lenke, könnt ihr Lichtträger eure positiven Kräfte darauf richten, und alles kann sich leicht entfalten. Das ist der Sinn dieser Botschaft. Ich möchte euch aufzeigen, dass beide Pole aktiv sind in dieser Phase der Entwicklung – sowohl der dunkle, als auch der helle. Wenn ihr euch nun dazu entschließen könntet, mit unserer Anleitung diese Pole zu verschmelzen, wie es die Übungen vermitteln, dann wird eure Ausdehnung sehr zügig vonstatten gehen, und ihr bringt euer erweitertes, ausgedehntes aurisches Feld in die Wellen der Energie ein, die allen anderen Wesen des Planeten dienen. Damit unterstützt ihr nicht nur den Prozess der Menschheit und der Erde, sondern den der gesamten Planetenfamilie, die – im Kleinen, wie im Großen – mit euch ebenso verbunden ist und nichts sehnlicher erwartet, als dass ihr wieder mit euren wahren Herkunftsplaneten, euren Sternengeschwistern, verschmelzt.

Ich freue mich, euch diese Erläuterungen zu geben, denn ich bin EINS mit jeder eurer Seele und verbunden in ewiger Liebe im ewigen SEIN der Göttlichen Quelle.

Ich bin Thoth, der Atlanter. Ich sende euch meine Lichtkraft für die Integration dieses Wissens in eure Felder. Mögen euch meine Frequenzen durchdringen und im Sinne eurer Aufwärtsbewegung dienen.

So sei es.

Das Universum ist in deinem Herzen

Du bist selbst dein Universum. Du bist das ICH BIN. Du bist Alles-was-ist. Dein innigster Mittelpunkt, dein Herzchakra, ist gleichzeitig der Lichtquantenraum, in dem wir mit allem verschmelzen können, was wir immer außerhalb wähnten. Mit unseren Zielen und Wünschen, mit all den Kreationen und Visionen, ja, und auch mit den ungeliebten Dämonen des Mangels und der Verlustängste.

Was für eine umwerfende Tatsache. Viele Seelen haut diese Vorstellung wirklich regelrecht um (mir selbst erging es so), sodass sie sich erst einmal für lange Zeit wieder zurückziehen aus ihrer geistigen Vorwärtsbewegung – aus Angst, sofort wieder dort zu sein, wo sie doch hergekommen sind. Wir alle wollen doch immer noch die Erfahrungen unseres Weges hier in der Verkörperung nach allen Regeln der Kunst auskosten, nicht wahr? Wir alle haben uns aus unserer geistigen Sphäre gemeldet und freudesprühend jedes Lebenslos hier auf Mutter Erde gewählt, um dabei zu sein. JETZT SIND WIR HIER, und es scheint so schwer, all die Bewegungen zurück zur Quelle umzusetzen. Warum ist das so? Oder besser, warum ist das noch so schwer? Wir sind es selbst, die noch schwer sind. Die verdichteten Energien, die unser Körperhaus durchziehen, die alten Strukturen, die an uns kleben, die lieben Gewohnheiten, die uns immer wieder lähmend in längst überwunden geglaubte Abgründe zerren.

Alles sind wir selbst. Und schlimmer noch: Wir tragen die alleinige Verantwortung für all die schweren Energien, für all die Lebensentscheidungen, die Blockaden, die Desaster, alle dichtesten Erfahrungen unseres Hierseins – nicht nur in diesem Leben. Fühlt, wie euch die Vorstellungen jetzt gerade lähmen, immer weiter zieht es euch nach unten, nicht wahr?

Deshalb lasst uns einmal diese kleine Übung vollziehen, damit ich am praktischen Beispiel aufzeige, wie Veränderung passiert. Schließlich stehen die Geistigen um mich herum und beobachten genau, dass ich alles aufnehme und an euch weiterleite, was ich selbst erkannt, gefühlt, durchlebt und durchlitten habe, damit es für euch nachvollziehbar wird.

- *Ihr tragt die ALLEINige Verantwortung für alles, was ihr wart und seid – ohne Umschweife*
- *Und jetzt tief durchatmen und es annehmen, zu euch ziehen, in euch aufnehmen.*
- *Atmet so lange, bis sich auch der geringste Widerstand aufgelöst hat. Das kann dauern. Erst wenn kein Ja, ABER mehr in euch auftaucht, ist es gut.*
- *Ohne zu werten – bedeutet: ES IST, WIE ES IST. Nun lasst es auch so sein, Punkt! Stellt den plappernden Verstand ruhig.*
Achtung, jetzt erfolgt die Aufwärtsbewegung:
- *Indem du diese Verantwortung übernimmst in allen Facetten deines SEINS, bist du nicht mehr Opfer der Umstände oder anderer Menschen oder, oder, oder – sondern bewusster Schöpfer.*

- *Ich erschaffe mein Leben, mein SEIN, vollkommen ALLEIN(S).* (Das bedeutet, du bist immer verbunden.) *Wieder atmen.*
- *Es bedeutet, indem ich all dies selbst erschaffe, bin auch NUR ich selbst in der Lage, ES zu ändern.*
- *Nur ich selbst kann demnach mich und mein SEIN verändern. Wieder atmen.*

(Spürt ihr bereits, wie sich die Energien bewegen, wie ihr wieder auftaucht?)

- *ICH BIN SCHÖPFER. Atmen.*
- *ICH BIN DAS „ICH BIN". Atmen.*
- *ICH BIN ALLES-WAS-IST. Atmen. Fließe hinein in Alles-was-ist und fühle.*

Jetzt sollte deine Schwingung in einem Grad sein, den du als angenehm, weich und gelöst fühlen kannst. Siehst du, so schnell verändert sich Energie – in einem Augenzwinkern. Auch wenn du jetzt vielleicht sagst: „Das sind doch alte Kamellen." Der entscheidende Unterschied ist, dass du es dieses Mal nicht nur weißt, sondern es für diesen kurzen Moment BIST!

Energien wollen sich bewegen, um wieder und wieder in neue Formen zu fließen, sich ewig neu auszudrücken. Dazu musst du dich entscheiden, es zu SEIN. Das sind auch wesentliche Voraussetzungen für die Manifestation. Ohne die Integration dieser Erfahrung kannst du dich nicht so weit ausdehnen, wie es nötig ist, um in neue Qualitäten vorzudringen. Kannst du fühlen, was allein diese kleine Übung mit dir gemacht hat? Spürst du, dass du energetisiert bist, allein durch dein bewusstes SEIN? Spürst du die Veränderung?

Wunderbar, dann hat ja alles geklappt. Ich danke dir, dass du die Bewegung aufgenommen hast.

Kommuniziere mit deinem Inneren Kind

Unser Inneres Kind ist der unbewusste Teil in uns, der die Prägungen der vergangenen Lebensabschnitte und auch vergangener Inkarnationen gespeichert hat. Wie sonst könnten sich Menschen zum Beispiel bei Rückführungen in völlig anderen Lebenszeitaltern wahrnehmen und detailgetreu alles schildern, was ihr damaliges Leben bestimmte – eingeschlossen der Wesen, mit denen sie zu tun hatten? Wie sonst könnten sie die intensiven Gefühle wahrnehmen oder die Begebenheiten nachvollziehen, die in mancher Inkarnation stattgefunden haben?

Das Innere Kind zeigt und symbolisiert gespeicherte Gefühle der Erinnerungen, Erfahrungen aus der eigenen Kindheit oder früherer Leben, wie abgrundtiefer Schmerz, Traurigkeit, Angst, Wut oder Verlassenheit. Meist sind es eher die unangenehmen Emotionen, die uns gezeigt werden, weil sie eben in uns irgendwie feststecken.

Ein großer Psychologe und Wissenschaftler, der seiner Zeit Meilenschritte voraus war, Carl Gustav Jung, sagte einmal über das Unbewusste – auch genannt das Innere Kind: „Wesentlich umfangreicher als das Ich-Bewusstsein ist der unbewusste Teil des Menschen, der sich aufspaltet in das persönliche Unbewusste und das kollektive Unbewusste. Zum persönlichen Unbewussten gehört die Summe aller verdrängten Verhaltensweisen und Gefühle, der Schatten. Das kollektive Unterbewusste ist eine Instanz, die sämtliche gemein-menschlichen Erfahrungen beinhaltet, die sich in Bildern zeigen. Das Unterbewusstsein ist der Sammelbegriff für alle Ursachen, die zwar auf unser Handeln wirken, aber durch das Ich-Bewusstsein nicht wahrgenommen werden können. Dabei handelt es sich bei dem persönlichen Unterbewussten beispielsweise um Vergessenes, Verdrängtes, um unterschwellig Wahrgenommenes, abgewehrte Triebe, Fixierungen und Programmierungen, um eingespielte Verhaltensabläufe, frühkindliche Prägungen und latente Begabungen."

Wie können wir nun mit unserem Inneren Kind in den Dialog treten, um herauszubekommen, was im Speicher gelöscht werden kann? Denn genau darum geht es: Es geht um das Integrieren und damit Löschen des alten Speichers der negativen Informationen, damit wir mehr und mehr frei werden zu sein, wer wir wirklich sein können. Denn bis dahin blockieren uns genau diese Programmierungen, Glaubenssätze, Prägungen. Erst wenn wir ganz frei davon sind, sind wir in der Lage, uns vollkommen nach unserem Seelenplan zu entfalten und nicht mehr bei unseren gewählten SEINS-Zuständen die alten Muster als betonschwere Barrieren vorzufinden.

Die Möglichkeit, die ich euch hier vorstellen möchte, ist eine Methode, mit der ich in den letzten Jahren gearbeitet habe, und wenn man ein Beispiel nennen wollte, angelehnt an schamanische Traditionen. Diese Methode ist während vieler Meditationen hereingekommen und hat sich immer mehr entwickelt und ausgedehnt. Sie nutzt die Vorstellungskraft desjenigen, der mit seinem Inneren Kind arbeitet, und innerhalb meiner Erfahrung sind dadurch schon unzählige Blockaden gelöst und verfestigte Speicherungen aufgebrochen worden. Ich möchte diese Meditation auch noch einmal ganz ausführlich und mit voller energetischer Präsenz als „Heilreise zum Inneren Kind" auf CD bringen. Doch Schritt für Schritt.

Hier eine stark verkürzte Fassung, mit der ihr dennoch gut arbeiten könnt, ohne euch lange Textblöcke zu merken.

Suche dir einen stillen Ort ohne Ablenkung (auch kein Telefon). Gib dir vielleicht vorher zwei drei Töne, um deine Energien zu klären. Wähle Töne, die aus dir fließen, ohne vorher zu entscheiden, welchen Ton du nimmst. Luft holen und loslegen. Ein schönes langes OM geht auch.

- *Atme dich in deinen Lichtkanal mit Verbindung zum Mittelpunkt der Erde und zur Quelle.*
- *Stabilisiere diese Verbindung mit einigen ruhigen, tiefen, fließenden (nicht keuchenden) Atemzügen.*
- *Halte deine Präsenz.*
- *Dringe in deinen Herzraum vor, mit jedem Atemzug kommst du tiefer und tiefer zu dir selbst.*
- *Nimm im Herzraum eine meditative Position ein – eventuell Yogasitz (kein Liegen, jedoch im Außen kannst du liegen).*
- *Empfange deine Meister und/oder Engel in deinem Herzraum, indem du sie rufst, dich verbindest.*
- *Nun rufe dein Inneres Kind in diesen Raum. „Mein Inneres Kind, ich rufe dich in meinen Herzraum" (3 x). Es kann eine Weile dauern, bis etwas passiert. Bleib gelassen und zentriert.*

- *Dann fühlst du, wer da ist.*
- *Schau auf die Füße des Wesens, fühle die Füße, den Leib, die Arme, Hände, Haare usw., bis du allein durch dein Fühlen eine Vorstellung vom Aussehen deines Inneren Kindes hast. Dann tritt einen Schritt zurück und begrüße in aller Liebe und mit einer Umarmung das Wesen.*
- *Nimm wahr, wie es sich dir zeigt – Junge, Mädchen, Alter, dick, dünn, ärmlich gekleidet oder prachtvoll.*
- *Frage dein Inneres Kind, was du jetzt für es tun kannst, damit es dir auf deinem Weg hilft.*
- *Lass die Antwort hereinkommen. Indem du die Hände deines Kindes anfasst und dich in die Räume ziehen lässt, die jetzt von Bedeutung sind, zeigt es dir, was es gerne von dir möchte.*
- *Du kannst jetzt eine Reise machen in alte Bibliotheken (wenn es um Wissen geht, dem du dich stärker zuwenden sollst), in eine schöne Landschaft, (wenn es um den Aufenthalt in der Natur geht oder um Entspannung), du kannst in einem Raum landen, wo du eine schöne Massageliege vorfindest (du solltest dich mehr um dich selbst kümmern, deinen Körper schonen und pflegen). Es kann allerdings auch sein, dass dir eine Lebenssituation gezeigt wird, in der du aufklärend wirken darfst. Das sind tolle Heilchancen für dich und dein Leben, also nutze sie intensiv.*
Du lässt dich darauf ein und folgst den Wünschen und Bitten dieses Inneren Kindes.

- *Wenn du das Gefühl hast, es ist vollbracht, bitte dein Inneres Kind wieder in deinen Herzraum zurück, bedanke und verabschiede dich von ihm und komme langsam wieder zurück in deinen Körper, ins Hier und Jetzt zurück.*

Atme durch und fühle deinen neuen Raum, den du betreten hast. Dehne und strecke dich, damit alles gut deinen Leib durchdringen kann. Trinke viel Wasser und bewege dich dann etwas. Du kannst gut ein kleines Aufstiegsbüchlein anlegen, in dem du dir Notizen deiner Stationen machst. Das ist sehr hilfreich, vor allem dann, wenn du glaubst, es passiert gerade nichts. Denn gerade dann geht es richtig ab. Dir wird aber leider nur bewusst, dass alles im Außen wie erstarrt ist. Was meinst du, wieso du das nun plötzlich so drastisch spürst? Du bist in einer Beschleunigung deiner Myriaden von Teilchen.

Mittels dieser Art Meditation kannst du mit allen Problemen, die du hast, nun in Transformation gehen. Ohne Therapeut, ohne fremde Hilfe – nur mit dir ALLEIN(S). Du brauchst keine Beklemmung zu haben, dass dort in diesen Räumen etwas passiert, was du nicht kontrollieren kannst. Dein Körper, deine Seele und dein Geist sind ein sich perfekt regulierendes System, nur du musst ihnen die Chance dazu geben. Du wirst nichts mit den inneren Bildern erleben, wofür du nicht vorbereitet bist. Dafür sorgt deine Seele, die auch gleichzeitig dein guter Schutzengel ist. Du bekommst immer nur das Paket auf die Reise mit, das du auch tragen kannst, geh dabei einfach ins Vertrauen.

Denke immer daran, dass du in Wahrheit EINS bist mit Allem-was-ist. Da zählt auch all das dazu, was du dir in deinem Universum vorstellen kannst und darüber hinaus.

Die Meditation bietet sich an bei Problemen mit Mobbing (falls ihr euch dies gewählt hattet auf eurem Weg), um einen Weg zu finden, die eigenen Anhaftungen zu erkennen und daraus Lösungen zu formen. Sie bietet sich auch an bei allen existenziellen, seelischen, familiären oder körperlichen Problemen. Merke dir immer, was du gesehen hast in den inneren Bildern, und nimm die Wünsche deines Inneren Kindes sehr ernst. Wenn möglich, ändere dahingehend dein Leben, denn es wird dir nicht umsonst gezeigt. Du wirst so sehr schnell eine Wandlung vollziehen.

Je mehr du mit dieser großen Kraft in dir arbeitest, desto schneller wirst du reifen und feststellen, dass du dein eigener Therapeut sein kannst. Allerdings wirst du niemals schneller vorankommen, als du deine Erkenntnisse auch integrieren, sprich: in deinem Leben umsetzen kannst. Denn auch dein Unterbewusstsein und dein Seelenselbst lassen sich nicht scheuchen. Es passiert dann allenfalls, dass du nichts mehr siehst, nur Kauderwelsch kommt oder Ähnliches.

Die Bilder, Filme, Sequenzen können sich anderenfalls so vielgestalt zeigen, dass die Palette der inneren Bilder breiter gefächert ist als jedes Kinoprogramm. Dann bist du schon gut vorangekommen und hast einen intensiven Kontakt zu deinem inneren Wesenskern aufgebaut.

Fallbeispiele

Spinnentiere und Müll überlagertes Projekt

Ich ging mit derselben Methode in Meditation und wollte die unbewussten Blockaden lösen, die ein Projekt überlagerten. Ich bekam guten Kontakt zu meinem Inneren (jugendlichen) Kind, und es zeigte mir Räume, die so voller Sequenzen waren, voller Strukturen, Farben, irrsinniger Formen, dass ich es einfach nicht mehr fassen konnte. Ich war überwältigt von dem ganzen unaufgeräumten Haushalt aus allen möglichen Epochen, Inkarnationen und Räumen, von allen seltsamen Besetzern, Spinnentieren und was sonst alles. Das bedeutete für mich aber auch, dass noch vieles im Weg stand (und hier zählt hauptsächlich der Eindruck, was als Erstes empfunden wird, nicht was ein anderer souffliert – wobei Vorschläge, wenn sie sich stimmig anfühlen, immer angenommen werden können).

Ich hatte ja Saint Germain mit an Bord und bat ihn um seine Begleitung und die kosmische Laserkanone mit der violetten Flamme. Dann flog ich in rasanter Weise durch alle Räume, Gänge, durch all den seltsamen Müll, alles Getier und Gebein – denn das lag noch unbewusst über dem Projekt – und „brannte" es in die Transformation. Hinterher schwebte ich langsam durch helle, schöne und klare Räume mit Sonne und Weite.

Goldene Kutsche

Eine Frau, die gelegentlich an Meditationen teilnahm und immer ein wenig Probleme mit den Mangelthemen hatte, floss durch die geistige Reise und sah plötzlich eine goldene Kutsche, in die sie einsteigen sollte. So mit allem Drum und Dran. Sie empfand, dass sie jetzt an dem Punkt angekommen war, wo sie sich diesen Luxus gönnen durfte – leider weiß ich nun nicht mehr genau, ob sie wirklich eingestiegen ist, das wäre auf jeden Fall die beste Wahl gewesen.

Für das Leben im Außen bedeutet das nun allerdings, dass wir solche Hinweise nicht einfach wieder verblassen lassen sollten, sondern sie auch umsetzen, denn sonst ändert sich nichts.

Verkohltes Kind

Bei einer meditativen Gruppensession hatte eine Frau das Erlebnis, dass ihr Inneres Kind schwarz und verkohlt erschien und sich mit aller Kraft an sie klammerte. Voller Erschrecken wollte sie es abschütteln, sich aus der Umklammerung lösen, aber vergebens.

Ein Hinweis, dass hier das Thema Selbstliebe im Vordergrund stand, und ohne diese Heilarbeit an sich selbst würde es nur schwerfällig zu positiven Ergebnissen in weiteren Bewusstseinsprozessen und hinsichtlich der Kreation von Fülle und Reichtum kommen. Denn es fehlte ja hier gerade im Innersten an der essenziellen Energie der Elemente Licht und Liebe.

Als Zauberin im Jagdschloss

Ein junges Mädchen, das tief versunken in der Meditation saß, erfuhr ihre wahrhafte Herkunft. Sie sah in einer realen Seelenreise ein altes, verfallendes Jagdschloss und sich selbst in einem langen, violetten Gewand mit Kapuze, weiten Ärmeln und Zauberstab. Sie war in der Lage, durch ihre Zauberkraft Dinge augenblicklich zu verändern, zu transformieren. Sie schwang ihren Stab und erzeugte so einen Wirbelsturm. Durch dieses drehende Chaos flog alles durcheinander, und das alte Jagdschloss wandelte sich in ein belebtes, gemütliches und fröhliches Domizil mit den wunderschönsten Dingen und Utensilien, mit Bediensteten darin und einer freundlichen blühenden Landschaft. In einem Zauberbrunnen vor dem Schloss sah sie dann viele Seerosen und Geld...

Dies ist ganz klar ein Hinweis auf die Potenziale, auch hinsichtlich des Erschaffens, die sich uns eröffnen. Der Wirbelsturm bedeutet, dass die Kraft und die Macht, Dinge grundlegend zu wandeln, in uns ist. Der Brunnen sagte ihr so viel wie: Reichtum und Fülle, aber auch Leichtigkeit und Freude (Seerosen) werden sich im freien Fließen (Wasser) zu ihr bewegen.

Das sind Deutungen, Auslegungen, die jeder etwas anders empfangen mag – hier geht es eben auch wieder um die individuellen Empfindungen.

Das Wichtigste bei dem Be(Er-)leuchten unseres Inneren ist allerdings, dass wir dem Rat der Engel, der Meister und dem Inneren Kind Folge leisten und die Dinge übernehmen, die von uns an dieser Stelle verlangt werden, dass wir die Dinge erkennen, die sich uns in den Szenarien und Bildern zeigen.

Die sieben kosmischen Gesetze des Hermes Trismegistos, genannt Thoth

Die kosmischen Gesetze sind die wichtigste Essenz innerhalb der überbrachten Schriften von Thoth – oder Hermes Trismegistos –, der demnach aus der Verschmelzung des altägyptischen Gottes Thoth und des griechischen Gottes Hermes hervorging. Er galt als größter Philosoph, als Weisheitslehrer, Magier, als Ahnherr der Alchemie. Thoth war in seinen früheren Inkarnationen atlantischer Hohepriester und brachte dieses Wissen nach dem Fall von Atlantis nach Ägypten.

Thoth schrieb sein Wissen und die kosmischen Gesetze auf Smaragdtafeln, die noch heute verschollen sind. Sie sind ein Quell der Weisheit und Inspiration, und nur wenige der ganz großen Meister beherrschen diese spirituellen Gesetze nach allen Facetten der Kunst.

Das Alter der Smaragdinas – oder Smaragdtafeln – datiert man auf 36.000 vor Christus – es ist jenseits dessen, was die herkömmliche Schulwissenschaft akzeptiert. (Ich möchte aber auch erwähnen, dass das Alter der Smaragdtafeln in verschiedenen Schriften unterschiedlich datiert wurde.)

Die zwölf smaragdgrünen Tafeln sollen aus einer Substanz geformt sein, die durch alchemistische Transmutation unvergänglich erschaffen wurden. Die Buchstaben in atlantischer Sprache reagieren auf bestimmte Gedankenwellen und lösen so mentale Umstrukturierungen im Bewusstsein des Lesers aus. Die enthaltene Weisheit stellt die Grundlage der alten Mysterien dar, und die Weisheit desjenigen, der sie „durch das Herz liest", kann sich hundertfach vergrößern.

Das Wissen und auch weitere Aufzeichnungen und Instrumente des alten Atlantis, die der atlantische Priesterkönig nach dem Zerfall von Atlantis mit nach Ägypten brachte, soll außerdem in die große Pyramide von Gizeh eingebaut und dort sicher verwahrt sein. Wie in neueren Aufzeichnungen zu lesen ist, war Thoth der eigentliche Erbauer der Großen Pyramide von Gizeh über den Hallen von Amenti – und nicht Cheops.

Thoth regierte im Alten Ägypten von 50.000 bis 36.000 vor Christus und konnte so das ägyptische Volk auf eine höhere Zivilisationsstufe anheben. Thoth galt als unsterblich, weil er den Tod überwand. Das bedeutet so viel, als dass er sich nach freiem Willen durch die Dimensionen bewegen konnte (und kann), ohne durch den Tod zu gehen.

Während späterer Zeitalter inkarnierte die Energie von Thoth dreimal in verschiedene Menschenkörper. Erst in seiner Inkarnation als dreifach geborener Hermes fertigte er die Smaragdinas an, die bereits eine abgeschwächtere Darstellung des alten Wissens trugen. Die Tafeln wurden übersetzt und in der Großen Pyramide von den Priestern bewacht. Die letzten beiden der später in dreizehn aufgeteilten Tafeln wurden aufgrund ihrer Großartigkeit und Bedeutungsfülle lange Jahre vor der Öffentlichkeit verborgen. Die Tafeln eröffnen ihre enthaltene Weisheit und Magie allerdings nur nach intensivstem Studium.

Daher sind die kosmischen Gesetze, die ich hier aufgezeigt habe, lediglich eine kleiner Ausschnitt der Lehren, und ich empfehle, sich sehr tiefgründig mit diesen Schriften zu befassen.

„Lies und sei weise, aber nur, wenn das Licht deines eigenen Bewusstseins das tiefe Verstehen erweckt, das eine wesentlichen Qualität der Seele ist", heißt es bei Doreal, der höchsten Stimme der Bruderschaft, der die Smaragdtafeln aus der Ursprache übertrug und interpretierte. (Quelle: Internet)

Die kosmischen Gesetze

1. Das Prinzip des Geistes
Die Quelle des Lebens ist unendlicher SCHÖPFER-GEIST.
GEIST herrscht über Materie.

2. Das Prinzip von Ursache und Wirkung = Karma
Jeder Ursache folgt eine Wirkung – jede Wirkung hat eine Ursache.
Bereits ein ausgesendeter Gedanke ist Energie, die sich zu gegebener Zeit manifestieren wird.

3. Das Prinzip der Entsprechungen oder Analogien
Wie oben, so unten; wie unten, so oben. Wie innen, so außen; wie außen, so innen. Wie im Großen, so im Kleinen.

4. Das Prinzip der Resonanz oder Anziehung
Gleiches zieht Gleiches an und wird durch Gleiches
verstärkt. Ungleiches stößt einander ab.

5. Das Prinzip der Harmonie oder des Ausgleichs
Alles strebt nach Harmonie. Alles strebt nach Aus-
gleich.
Yin und Yang im ewigen Schwingen.

6. Das Prinzip des Rhythmus oder der Schwingung
Alles Leben unterliegt den rhythmischen Prinzipien.
Fließt etwas herein, muss es wieder herausfließen.
Steigt etwas, muss es wieder fallen.

**7. Das Prinzip der Polarität und der Geschlechtlich-
keit (Sexualität)**
Alles besitzt gegensätzliche Seiten und ist doch EINS.
Menschen haben einen weiblichen und einen männ-
lichen Aspekt in sich vereint.
GOTT ist zugleich männlich und weiblich in Vollkom-
menheit.

Grafogramme – Energieübertragung durch den Geist

Ich habe Thoth gebeten, Energien durch mich zu senden, die ich euch hier anhand der Grafogramme darstellen kann. Diese Art von Energiebewegung mittels Symbolen, Zeichen, Formen oder sichtbar gemachter Bewegung könnte man nun als sinnloses Gekritzel ansehen. Sind sie es? Ihr werdet es entschlüsseln, denn das geht über den Verstand hinaus. Diese intuitiven grafischen Kritzel tragen die Schwingung der Energie, die uns Thoth außerhalb des „VERSTEHENS" hereingegeben hat (alle Geistigen können das tun). Es sind nichts anderes als kosmische Rezepte, die die Schwingungen der höheren Ebene so hereinbringen und von jedem völlig anders empfunden und gefühlt werden. Es wird Leser geben, die spätestens jetzt rufen: „Mein GOTT, was für ein ausgemachter Blödsinn!" (So schmuggelt sich seine Energie immer wieder ein, gell?), und das Buch zuklappen. Probiert es doch aus.

Ich habe in der vergangenen Zeit häufiger solche Grafogramme – wie ich sie bezeichne – erstellt und war erstaunt, welche Wirkung sie bei einzelnen Menschen entfaltet haben. Es gab Menschen, die sie nie wieder angeguckt haben, weil sie davon „schlechte Laune" bekamen (die Energien haben hier im Unterbewusstsein etwas geöffnet). Und bei anderen war eine sofortige Leichtigkeit, ein Schwingen und Schweben zu spüren. Jeder, der einige Minuten am Tag diese speziell erstellten Grafogramme oder auch die Bilder mit den Symbolen und Formen anschaut und einatmet, bekommt bestimmte Energien übertragen. Es ist so einfach!

Für meine Begriffe ist das eine völlig neue, unkonventionelle Methode, die in geistiger Hinsicht mehr erforscht werden könnte. Ich bekam diese Hinweise schon vor einiger Zeit und die Information, dass sich beispielsweise unsere kleinen Kinder im zarten Alter der „Sprachlosigkeit" – über ihre Kritzel mit uns verständigen. Leider bekommen das die Wenigsten mit und schmeißen diese wertvollen „therapeutischen" Hinweise in den Mülleimer. Kinder haben noch die direkte Verbindung zu GOTT – sie können unser Herz öffnen und uns durch ihre Augen – die Tore des Himmels – in höhere Energieebenen führen – einfach so. Und alle Kritzelbilder unserer Kinder tragen wichtige Botschaften für uns selbst und lassen uns intuitiv erahnen, wie die Energien der Kleinen schwingen.

Mittlerweile hat sich meine Aufnahmefähigkeit für diese Art Botschaften so verstärkt, dass ich ganze Gemäldeserien in wunderschönen Farben mit den Grafogrammen, Symbolen oder Formen erschaffen habe.

(Und da stürzt die Datei wieder ab, obwohl der Computer fast neu und technisch völlig in Ordnung ist. Das ist schon so eine Sache mit den Energien, ich muss erst einmal die Schwingungen mit den Engeln der Technik harmonisieren.)

Ihr seht, was hier los ist, also atmet die Grafogramme schön langsam ein, bitte!

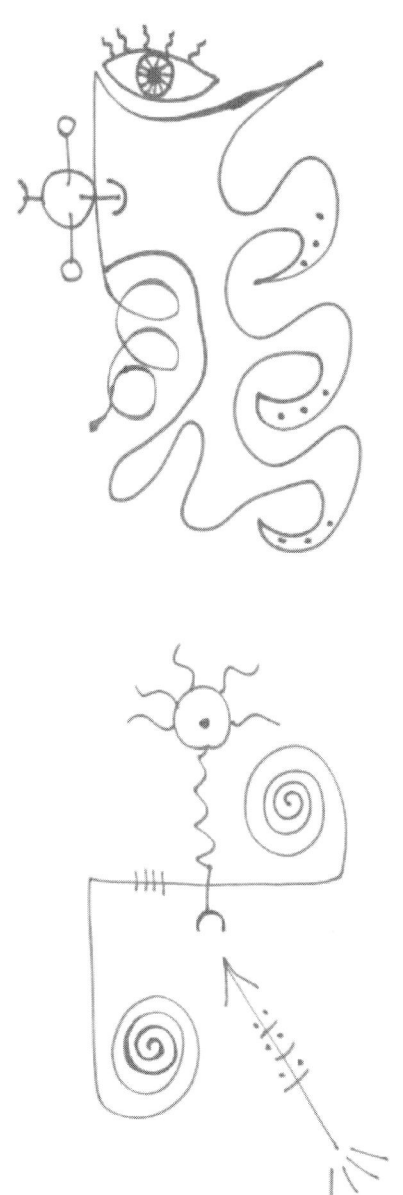

Bestimmen uns unbewusste Gedanken?

Unsere Umstände und Kreationen sind meist eine Folge von unbewusst erzeugten Gedankenprogrammen. Gedanken kommen und gehen, haken sich fest und werden zu Formen, die sich irgendwann materialisieren. Jeder denkt jeden Tag, oft vollkommen unbewusst. Wir glauben gerne, dass diese Umstände getrennt von uns existieren, in Wirklichkeit sind sie mit uns verbunden, denn ALLES IST EINS!

Wir geben dann diesen Materialisationen, den Kreationen, so viel Beachtung, so viel Raum, als würden sie uns bestimmen. Dabei haben wir sie doch erst selbst erschaffen, um unsere Reaktionen darauf zu erfahren.

Unbewusst erlauben wir ihnen, unser Leben zu formen. Wir machen andere dafür verantwortlich, was mit uns passiert (wenn der und der das nicht so und so gemacht hätte), wir nehmen eine Opferhaltung ein (warum nur immer ich?), wir glauben, dass wir daran nichts mehr ändern können. So ist es natürlich in Wahrheit nicht, denn wir selbst sind unser Leben und unsere Umstände, und umgekehrt. Wenn wir diese Tatsache verinnerlicht haben, dann können wir JETZT beginnen, unser Leben neu zu formen.

Beginnen wir JETZT, in uns all das zu verändern, was wir im Außen gerne hätten, denn das Außen ist immer ein Spiegel des Inneren.

Erinnert euch an die universellen Gesetze, die uns Thoth überlieferte. Hier kommen gleich mehrere in Betracht.

1. **Das Prinzip des Geistes**
   Alles ist Geist. Geist herrscht über die Materie.
2. **Das Prinzip von Ursache und Wirkung**
   Jede Ursache hat eine Wirkung und umgekehrt, und jede Aktion (und auch Reaktion) erzeugt eine bestimmte Energie.
3. **Das Prinzip der Entsprechung**
   Wie innen, so außen; wie oben, so unten; wie im Kleinen, so im Großen!

Das bedeutet, dass jeder sein eigenes Universum Tag für Tag kreiert, Stunde um Stunde, Sekunde um Sekunde. Wie so oft entgleitet uns nun aber dieses Wissen wieder und wieder. Wie oft lassen wir uns von den Ereignissen überrollen und von unseren unbewussten Manifestationen schachmatt setzen? Die Menschheit erlebt dies seit allen Tagen ihrer Inkarnationen. Jede Seele wollte doch aufgrund ihres Weges die verschiedenen Erfahrungen machen, die verschiedenen Gefühle, Eindrücke, Empfindungen erleben. Denn all das ist nichts als Energie. Das ganze Universum ist Frequenz, und jeder will erfahren, wie sich verschiedene Frequenzmuster anfühlen. Doch wenn wir nun feststellen, dass wir uns in den Energien, die wir gerade durchleben nicht mehr wohlfühlen, schaffen wir es ausschließlich durch unser bewusstes SEIN, diese Frequenzbänder zu verlassen und in höhere Schwingungsebenen zu wechseln. Denn, wie schon erwähnt, wir sind Frequenzwandler und haben die Möglichkeit, uns auf verschiedenen Frequenzbändern zu bewegen.

Wenn uns nun der Körper Signale sendet, wie Symptome, Schmerzen usw., benötigt er in der Regel immer geordnetere Energien. Zeigt er allerdings Symptome aufgrund von Energieübertragungen, Meditationen, Einstrahlungen usw., dann sollten diese integriert und ausbalanciert werden, denn der Körper will folgen. Das tut das Körpersystem selbst, wenn wir es mit richtiger Atmung, Schlaf, Wasser, Ruhe und auch Bewegung und somit Erdung unterstützen. Vielfach habe ich erlebt, dass sich Erstreaktionen auf eine Energiezufuhr sehr schnell wieder „einordneten", das heißt soviel wie: Bekam jemand eine Reaktion auf eine Meditation, konnte er sich zum Beispiel mit Lichtfrequenzen sofort wieder ausbalancieren, oder mit einem Auraspray, oder Regenbogenmitteln (wie im Anhang zu entnehmen ist oder unter www.lichtkristallportal. de).

Nun – im Zeitalter der aufwärts gerichteten Bewegung ist es jetzt viel leichter, uns mit den Neuen Energien zu bewegen und uns von ihnen unterstützen zu lassen. Es geht um Aufstieg für die gesamte Menschheit, dafür sind wir hier. Aufstieg heißt auch in gewisser Weise Ausstieg aus den alten Energien und Einstieg in völlig neue und vor allem unbekannte Qualitäten des unendlichen Schöpfergeistes. Es geht nämlich längst nicht mehr darum, in einer bestimmten Energiequalität zu verharren, nach dem Motto: „Ich mache regelmäßig einmal im Monat Meditation" (besser als nichts immerhin). Aber das ist zu wenig, wenn ihr euch verändern möchtet, wenn ihr euer Leben auf ein höheres Level bringen wollt. Es ist zu wenig. Wie sagte die Wesenheit Kryon sinngemäß so schön: „Wer auf 2012 wartet, hat den Aufstieg längst verpasst!"

Lassen wir nun die Geistigen hier wieder etwas einfließen, denn ich spüre schon meinen Kopfdruck und den Sington im Ohr sehr deutlich. Saint Germain, Lady Nada und Djwahl Khul sind hier, und sie haken gleich unverzüglich ein im Text.

Saint Germain – Ängste fressen schöpferische Kräfte auf

Hallo, geliebte Lichtseelen, hier bin ich, euer geliebter „Belehrer" und Meister der Transformation.

Ja, es ist zu wenig, nur auf das zu warten, was passiert, in einer komfortablen Position, in euren verklebten Partnerschaften, in euren Büros und Arbeits„verhältnissen" (schaut, ihr habt ein Verhältnis mit der Arbeit), in geregelten, säuberlich gezeichneten Schrittmustern des Alltags, wo euch längst ein Stolpern so aus der Fassung bringt, dass ihr schnell wieder bemüht seid, euren eingetretenen Pfaden zu folgen. Da lebt ihr in festgefahrenen Energien, sorry! Wo soll sich denn da etwas bewegen? Springt doch einmal heraus aus der selbsterschaffenen Quadratur des Kreises und wisst: Ihr könnt nichts falsch machen! Ihr macht nur neue Erfahrungen, die euch in einem Ruck ins Chaos bringen, damit ihr dann in eine höhere Ordnung fließt. Dabei heilt ihr euch selbst. Ihr heilt euch von euren widerkehrenden Gedanken und Abläufen, ihr heilt euch von längst angegorenen Ansichten oder von chronisch übersäuerten Wesenszügen.

Wisst ihr, warum ihr euch so festkrallt an eurem Job, an eurem Leben, an eurem Partner, ja, auch an eurem Gehalt oder an der Rente gar? NUR AUS ANGST! Fühlt hinein in meine Worte (die Andrea gar nicht so schnell schreiben kann, wie sie sie nun zu fühlen bekommt). Ich sagte ja, ich werde euch ein wenig auflockern, durchschütteln – eben ins Chaos bringen. Ich sehe jetzt schon die hoch-

gezogenen Augenbrauen und die Widerstände, die sich da gewaltig aufbäumen. Fühlt rein, es trifft sicher nicht auf jeden zu. (Ja, ihr könnt euch nun beruhigt zurücklehnen – Anm.: gähnt!) Aber es sind einfach noch zu viele unter euch Menschen, die mit dieser Art, ihre Energien festzuhalten, den Strom blockieren. Auch und gerade unter den Spirituellen, meine Lieben. Wir zählen auf euch! Und wir sind schon fast schwarz vor lauter Warten.

Ich sage doch nicht, werft alles hin – NEIN – um Gottes willen – NEIN – oder doch? Warum nicht? (Lachen) Ich liebe es, euch ein wenig zu veralbern, dann kommt ihr in Schwung und nehmt alles nicht mehr so tragisch ernst. (Fühle diese Kraft, die mit meiner Freude und meiner Zuversicht hier hereinströmt.) (Ja, genial irgendwie, mach ruhig weiter so, diese Energie ist mir doch sehr vertraut!) Ja, ich meine, dass ihr euch überlegt: Wo können wir denn jetzt mal ruckartig hineinspringen? Im Ernst, ich meine das „ernst" (welch ein seltsames Wort, Ernst ist doch auch ein Name – ist einer unter euch, der Ernst heißt? – Lachen).

Wie könnt ihr euch die Möglichkeit verschaffen, eure Energien sehr schnell zu erneuern? Seid ihr in einer verbackenen Partnerschaft einmal ALLEIN(S) verreist zum Beispiel? Habt ihr die Möglichkeit genutzt, euch einem anderen Sportprogramm zu widmen als das, was ihr schon Jahre mit der Energie von „man muss ja was tun" durchzieht, bei jedem Wetter? Habt ihr euch vielleicht dazu entschlossen, nicht – wie bisher – so weiterzumachen mit allem, sondern eure Wahrheit zu leben? (Auch beim Sonntagsfrühstück, auch beim Sex, auch bei der Famili-

enfeier – nein, halt – ich glaube das geht schief. Also das Letzte bitte ausklammern.)

Habt ihr schon einmal euren Partner darüber informiert, dass ihr zum Beispiel ein paar Tage schweigen wollt? (Hallelujah, ich sehe jetzt die Idylle übersprudeln.) Habt ihr eure Alltagsaufgaben eben mal einem anderen übertragen und euch Platz verschafft, um selbst zu SEIN, euch wieder zu fühlen und dies auch eurem Partner zugestanden?

Habt ihr euch einmal gefragt, wie es wäre, wenn ihr gar nicht mehr da wärt? Ja, das ist ein sehr guter Gedanke!

Fragt euch das einmal HIER und JETZT und fühlt mal hinein, ich gebe euch einige Minuten und erhöhe meine Energie noch etwas. So, ATMEN! bitte. (Andrea muss diese Übungen ganz klar auch immer mitmachen, und ich sehe sie öfters als sonst überrumpelt und erstaunt – Lachen – Ja, meine Liebe, du liebst doch Action, oder? Das ist die pure Action in dir!)

Könnt ihr nun wahrnehmen – in Sekunden, wo eure Anhaftungen sind (Schmunzeln)?

Und jetzt stellt euch bitte vor, aus der Sicht der anderen, wenn ihr nicht mehr da seid, wie sie denken, fühlen, leben usw. Wieder ATMEN!

Bei wem fühlt ihr die größte Traurigkeit, den größten Schmerz? Ihr könnt nun fühlen, wer an euch oder an wem ihr klebt, wen ihr unbewusst energetisch mitversorgt (Kinder und Kranke mal ausgenommen). Wer ist da angedockt? Genau dort dürft ihr euch konsequent im Loslassen üben. Spürt ihr, wohin ihr unbewusst eure wertvolle

Aufmerksamkeit fließen lasst? Eure Energie fließt in viele andere Kanäle, nicht?

Geht es darum? Ich meine – geht es darum, immer noch andere mehr mit Liebe und Aufmerksamkeit zu versorgen als dich selbst? Wo der andere dein zweites ICH ist? Wo du doch weißt, du bist EINS? Werde dir bewusst, was das mit dir macht. Du darfst zuerst erwachen, du darfst zuerst dich selbst lieben, du darfst zuerst dich erhöhen, du darfst zuerst den Reichtum deines Lebens empfangen. Alles, was du an Traurigkeit gefühlt hast – eben in der klitzekleinen Übung – ist nicht heil in dir. Das ist die Wahrheit. Du wärst vollkommen ohne Anhaftungen und in einer idealen Ausrichtung, wenn du dich als Alles-was-ist in einer wunderbaren hohen Schwingung wahrnehmen könntest. Denn du bist dein Umfeld, du bist dein Leben, du bist deine Arbeit, dein Wirken, dein Lebensfluss, du bist der Geist, der alles durchzieht. Und nur, wenn du dich selbst ebenso liebst, dann strahlst du dieses Licht in dein Umfeld aus, und es ist für dich mit keinerlei Anstrengungen verbunden, weil du einfach bist. Dadurch erhöhst du automatisch die Frequenzen anderer und die deines Umfelds.

Kannst du das fühlen?

Alles andere, was ihr noch dazwischen fühlt, sind egobezogene Verstrickungen, der Klebstoff innerhalb frei fließender Energie, der superstarke Dauermagnet, der euch immer wieder zurückzieht und hart aufprallen lässt. Wie wollt ihr nun schöpferisch sein, wenn ihr noch so verklebt seid? Erschaffen benötigt Freiraum, Ausdehnung. Wie wollt ihr Energie generieren, wenn noch so viel von euch unbewusst wegfließt? *Schöpferisch sein bedeutet auch, sich im freien Fließen zu bewegen, was keinesfalls damit gleichzusetzen ist, dass einer nichts auf die Reihe kriegt und sich seinem Chaos unterordnet. Es bedeutet, die hereinfließenden Potenziale zu nutzen, zu formen und sie wieder ziehen zu lassen, wenn sie nicht mehr gebraucht werden. Versteht ihr, was ich meine?*

Ich gebe zu, dass dies sicher nicht jeder sofort nachvollziehen kann. Aber in dem Moment, wo ihr es einmal fühlt, fühlt ihr euch selbst. Das war der kleine magische Moment.

Ich bin der Meister der Magie, und ich liebe euch. Ich freue mich immer wieder, kräftig dazwischenzufunken, denn ich möchte eure Seele erreichen und euer Ego ein wenig kitzeln.

Ich bin Saint Germain

Lady Nada – Der Duft der rotgoldenen Abendsonne

Nada ist die Lenkerin (Chohan) des sechsten rubin-rotgoldenen Strahls der selbstlosen Hingabe, des Einfüh-lungsvermögen und Idealismus. Es ist die Strahlung des Dienstes am Göttlichen und der Gnade. Ihr Auftrag ist es, die Herzen der Menschen für eine höhere Liebe zu öffnen und diese in der Welt durch Gedanken, Worte und Taten Ausdruck finden zu lassen.

Ihre berühmteste Inkarnation war die der Maria Mag-dalena an der Seite von Jesus Christus. In anderen Epo-chen war sie Tempeltänzerin in Atlantis, als Klara von Assi-si oder als Scholastika (Schwester des Heiligen Benedikt).

Seelenanteile von ihr können auch in Theresa von Avi-la und Hildegard von Bingen gesehen werden.

Nada ist die Meisterin der bedingungslos hingebenden Liebe in Tätigkeit. Sie hilft dir, Frieden in dir zu entfalten und auch in Zeiten des Umbruchs in diesem Frieden zu bleiben. Sie ist Mitglied des Karmischen Rats. In ihrem Tempel (über den Anden) lernt der Lichtschüler, demuts-voll zu dienen, in allen Situationen Selbstbeherrschung und Würde zu bewahren und unter allen äußeren Umstän-den in Frieden und Harmonie, im Göttlichen, zu bleiben.

Lady Nada verbindet sich mit uns, um in Harmonie, Frieden und Liebe zu schwingen. Sie hilft uns darüber hi-naus, unsere Sinne weiter zu öffnen und zu verfeinern. So können wir unser Erleben mehr genießen und uns besser in Einklang begeben mit Allem-was-ist. Die Arbeit mit der

Aufgestiegenen Meisterenergie von Lady Nada verstärkt diese Wahrnehmungen und öffnet uns dadurch neue Tore zu unserem wahren SEIN.

(Quelle: Internet und „Die Gegenwart der Meister" Jeanne Ruland)

Ich bin Lady Nada und grüße euch in Licht und Liebe.
Meine geliebten Seelenlichter, ich weiß, was ihr alle durchmacht in der Periode der Wandlungen. Eure Körper verändern sich, euer Verstand spielt manchmal verrückt, ihr kommt so aus dem Gefüge, dass es euch immer wichtiger ist, euch noch an irgendetwas festzuhalten. Die Welt um euch herum platzt aus allen Nähten, alles schwankt und wackelt, auf nichts könnt ihr euch mehr verlassen. Alles ändert sich stets und ständig. Ich kann nachvollziehen, wie euch manchmal zumute ist. Auch wenn Saint Germain immer für Auflockerung sorgt, bin ich doch mit meiner Energie da, um euch zu halten, zu balancieren, einmal mehr alles zu glätten, was durch diese „Auflockerungsmanöver" herausgesprungen ist (Lächeln).

Mein rubinrotgoldener Strahl, den ihr immer wieder herbeirufen dürft, wenn ihr spürt, dass ihr durcheinander und konfus seid, dient ja auch gerade der Harmonie und dem Frieden der Seelen, und mit ihm fließt eine große heilende Kraft aus unseren Reichen in eure Systeme.

Wisst jedoch, ihr lieben Lichtseelen, dass wir aus unserer Perspektive ein viel größeres Bild eures Seins erkennen können. In eurer Ebene durchlichten sich immer mehr die dichten Energiepotenziale, und wir sehen viel Erwachen, Glanz und Schönheit. Vielleicht könnt ihr das an der Strahlung der Sonne wahrnehmen, die in diesen Tagen kraftvoller ist als je zuvor. Ihr könnt den Reinigungsprozess der Erde in den Wolkenformationen sehen, die an eurem Himmel vorüberziehen. Oft sind wir es, die durch die eine oder andere federhafte Gestalt oder die verschiedenen tierähnlichen Formen mit euch kommunizieren. Wir beobachten euch und freuen uns, dass ihr uns vielfach wahrnehmt.

Gleichermaßen, wie ihr eure Augen gen Himmel hebt, bekommt ihr bestimmte Übertragungen und Informationen, die wiederum euren weiteren Fortschritt bewirken. Ob ihr euch ans Meer begebt, in die Berge, in den Sternenhimmel schaut oder ein Gewitter verfolgt – all das dient eurer Heilung, eurer Neuordnung, mehr als in allen Tagen zuvor. Ich möchte sagen, dass fast kein Augenblick vergeht, den wir auslassen würden, um euch zu führen. Denn wir sind EINS mit der Natur, den Pflanzen, den Tieren und wirken mit ihnen gemeinsam für euch. Wir führen manchmal eure Haustiere, damit sie euch in die Leichtigkeit ihres Spiels locken, und ihr dann durch ihre Gebärden oder Bewegungen erfreut oder entspannt seid. Sie geben euch so viel, und wir lieben diese Tierseelen ebenso sehr wie euch!

Wir können wahrnehmen, dass eure Kräfte immer größer werden und ihr in der Lage seid, sie stärker als je zuvor zu bündeln und bewusst in neue Richtungen zu lenken.

Ihr Lieben, nun ist es an der Zeit, diese starken Ströme für euch einzusetzen – so wandelt ihr zuerst euer Leben und auch die Frequenzen der Erde und der anderen Seelen.

Ich möchte euch hier eine kleine Meditation mitgeben, die ihr gerne einmal durchführen dürft, um meine Strahlen zu empfangen und eure Energien damit auszugleichen und aufzubauen.

Sucht euch einen ruhigen Ort – schön wäre die Abendsonne, weil sie mit den Farben meiner Energien korrespondiert.

- *Atme an diesem stillen Ort und lass alles los für den Moment, sei weit und frei, komme in dir selbst an.*
- *Sieh die Abendsonne, ihre goldenen Strahlen, die in ein zartes Rosa-Rot-Orange übergehen.*
- *Fühle dich verbunden mit Mutter Erde und mit der Quelle von Allem-was-ist.*
- *Empfange mich nun im Herzen, indem du dreimal still meinen Namen rufst.*
- *Atme die Farben der Abendsonne, die auch mein rubinrotgoldenes Spektrum darstellen, strahlenförmig von allen Seiten kommend in deine Felder ein, den Körper, und lass diese Farben beim Ausatmen bis in jede Zelle fließen.*
- *Kannst du meinen Duft wahrnehmen? Aber ja, du kannst es riechen.*

- *Atme diesen Duft nun ein und aus und wisse: Ich bin bei dir.*
- *Atme so lange rubinrotgoldenes Licht ein, bis du die gesamte rotgoldene Sonne zu dir – über dich gezogen hast.*
- *Bade in meiner Energie, die dir Balance, Harmonie, Frieden und Gelassenheit bringt.*
- *Dehne dich nun immer weiter aus mit deinem Strahlen – auf die Umgebung, auf alle Menschen, die ganze Erde – und hülle sie ein in rubinrotgoldenes Licht. Denn du bist die Sonne.*
- *Ströme langsam in dein Körpergefüge zurück.*
- *Sei jetzt ganz hier.*

Macht diese kleine Meditation immer, wenn ihr durcheinander seid und euch nicht geerdet fühlt, wenn ihr empfindet, dass euch alles zu viel wird, alles zu schnell geht. So kommt ihr wieder in eure Mitte.

Ich segne euch, geliebte Lichtseelen, und die Brise meiner Strahlen möge euch immer in Erinnerung sein.

So sei es.
ICH BIN Lady Nada

Djwahl Khul – Seid euer authentisches ICH

Djwahl Khul gehört seit 1875 zu den Aufgestiegenen Meistern der geistigen Hierarchie. In seiner letzten irdischen Inkarnation in Tibet befasste er sich vor allem mit der Wissenschaft der Heilkunst, war Mönch und Oberhaupt eines tibetischen Lamaklosters.

Er bezeichnet sich selbst als jüngster Aufgestiegener, da er der Letzte war, der die fünfte Einweihung empfangen hat. Er wirkt zusammen mit El Morya und Kuthumi im Namen der Weißen Bruderschaft als universeller Weltenlehrer. Er wird auch als „Botschafter der Meister" bezeichnet, da er ein umfangreiches Wissen über das Wesen und Wirken der geistigen Hierarchie, der sieben kosmischen Strahlen, der zwölf übergeordneten kosmischen Strahlen und weiterer planetarischer Hierarchien u. a. zu den Menschen gebracht hat.

Djwahl Khul war in einer seiner Inkarnationen Caspar, einer der drei eingeweihten Könige, die zur Geburt Christi kamen. Er gehört zur Weißen Bruderschaft und arbeitet mit auf dem zweiten goldgelben Strahl der Weisheit. Hellsichtige, die mit ihm Verbindung aufgenommen haben, sehen ihn oft im smaragdgrünen Licht der Heilung. Damit wird die Verbindung zwischen Weisheit und Heilung deutlich, die Meister Djwahl Khul herstellt.

Er beherrscht die Wissenschaft der Astrologie und der heilenden Gesetze des Kosmos. Er sendet allen das Wissen der zeitlosen Wahrheit, die darum bitten. Er arbeitet mit Menschen und Gruppen zusammen, deren Aufgabe die Heilung ist, und führt Menschen zur eigenen Heilkraft. Viele Werke aus jüngerer Vergangenheit über das Wirken der geistigen Hierarchien wurden von ihm übermittelt.

(Quelle: Jeanne Ruland – die Gegenwart der Meister)

Lassen wir nun Djwahl Khul hereinkommen (ich nehme einen seltenen fruchtigen Duft wahr, so, als würde ich diesen Duft seit langem kennen).

Seid gegrüßt, ihr lieben Erdenbrüder und Schwestern.

Meine Aufgabe, wie auch die vieler meiner geistigen Freunde, ist es, euch beizustehen in den abschließenden Prozessen dieser Dimensionsverschiebung. Und dieses Buch entstand nicht einfach so, sondern ich möchte euch ankündigen, dass jetzt der Markt geflutet wird. Wir klinken uns immer mehr in die geöffneten Kanäle ein und lassen unsere Lehren einfließen, denn es ist für euch Menschen wichtig zu spüren, dass die Glocken höher nie geklungen haben. Seid also bereit, uns zu empfangen, und sucht eure individuellen Wege, wie ihr unsere Energie unter den Rest der Menschheit bringt. Es gibt viel zu tun.

Die Lichtkrieger der zweiten Welle sollten sich nun jedoch nicht mehr mit Berufen herumplagen, die schon demnächst zielsicher ins Leere laufen. Sucht euch neue Wege, ihr Meister. Habt den Mut, euch selbst zu leben. Ihr habt phantastische Unterstützung von der gesamten irdischen und kosmischen Hierarchie, und ihr solltet diese Chancen nutzen. Kommt aus den dunklen Gefilden eurer ungeliebten Jobs hervor. Wir sehen da noch viel Verzagtheit. Ihr seid die Schöpfer, ihr sollt vorausgehen. Ihr habt begonnen, euch zu informieren, euch zu bilden, als das Ziel noch nicht vorgegeben, noch nicht klar war. Ihr habt euch getraut, und ihr hattet den Mut, euch zusammenzutun, um euch in eine Richtung zu entwickeln, von der vor Jahren keiner wusste, ob es jemals zu einem erfolgreichen Ende kommen würde. Denn da waren die Zeichen der Zeit lange noch nicht klar ersichtlich. Ihr habt gewartet, Jahr um Jahr, habt gehofft und gebangt, habt gezweifelt, wart zermürbt. Vielfach hat man euch verlacht und gemieden. Dadurch seid ihr mehr und mehr ins Abseits gerückt und habt euch in euren Nischen versteckt. Aber ihr seid noch hier und habt euch selbst vertraut. Und das war euer größter Schritt, heraus aus dem begrenzten ICH.

Nun bitten wir euch hervorzutreten, euch nicht zu scheuen, denn ihr habt – jeder für sich – viele gute Qualitäten, die jetzt ins Licht gestellt werden müssen. Ihr hattet noch genügend Zeit, euch zu formen. Ihr habt euch entwickelt, seid authentisch und der Wahrheit verbunden und habt innerhalb der letzten beiden Jahrzehnte eure Kräfte bilden können und euren Geist gut geschult. Es ist Zeit, geliebte Brüder und Schwestern, den Schritt nach vorne zu tun.

Die anderen Erdenseelen brauchen euer gutes Beispiel. Wir begleiten eure Erfolge, wir wollen euch in Freude, Leichtigkeit und Wahrheit sehen, damit die Dinge, die da warten, nun zum Abschluss kommen können. Ihr seid die neue Generation der Klugen und Weisen, die Anleitungen geben sollen, die mit den Werkzeugen ihrer eigenen Erfahrungen den NACHHOLERN die Hände entgegenstrecken. Ihr seht, was um euch passiert, alles wackelt, und der Boden wird dünn – auch unter euren Füßen. Daher erkennt die GELEGENHEITEN für euch selbst und wagt den Sprung, auch wenn das Wasser manchmal sehr erfrischend sein kann. Ihr werdet NICHTS bereuen, das sei euch zugesichert. Direkt beim Absprung schon hält eure geistige Familie das Sprungtuch für euch auf, und ihr werdet über kurz oder lang weich landen.

Wir befinden uns jetzt in der Endphase, und das bedeutet, alle Kräfte müssen mobilisiert werden, dass wir so viele wie möglich mit auf die andere Seite retten. Leider sind – entgegen unserer Hochrechnung – noch viel zu viele Seelen verstört, verblendet oder abgestumpft. Wir werden nicht jeden so kurz vorm Ende abholen können, doch es ist den Versuch wert. Die Strategie zielt darauf ab, dass ihr nun durch eure Taten hervorstecht, und anderen wird somit der Wind des Dimensionswechsels um die Nase blasen. Ihr zieht sie nicht mehr herbei, sondern sie werden über euch stolpern.

Veröffentlicht eure Kunstwerke, eure Texte, eure Musikstücke, die vielen Gedichte, Gedanken, organisiert spirituelle Partys und Feste, damit sich so eure Energien vermischen und rasch verteilen. Bringt neue Ideen jetzt gemeinsam an den Start. Sucht Verbündete in den eigenen Reihen und arbeitet mit gebündelter Kraft.

Seid euer authentisches ICH.

Ihr taucht in Kürze in eine völlig neue Sphäre ein, und ich möchte euch dafür noch einige Hinweise geben. Über Jahre vollziehen sich diese Shifts mit turbulenten Bewegungen durch alle Toröffnungen hindurch. Niemals zuvor haben der menschliche Körper und das menschliche System solche Herausforderungen überwinden müssen, und es ist für euch eine sehr große Ausdehnung, die euch bevorsteht. Wir sagen euch: Die Tore, die Mutter Erde mit euch gemeinsam passiert, werden sich häufen und in noch kürzeren Abschnitten aufgehen. Wir können euch mitteilen, dass es planmäßig vollendet wird, (denn wir können in der Zeit ein Stück vorauseilen), auch wenn ihr aus unserer Sicht viele Verluste beklagen werdet. Durch diese letzte schwierige Periode der Anpassungen über die letzten Shifts hinweg habt ihr jede nur mögliche Hilfe der Geistigen, der Sternenbeauftragten, der Meister an eurer Seite. Stützt euch auf uns, das ist nicht nur eine Bitte.

Denn ihr seid GOLD WERT – für die Quelle, die ihr selbst seid, durch die Entdeckung eures wahren ICHs, für die Erde und für die gesamte Planetenfamilie. Wir sind gerufen, um euch ein sicheres Hinübergleiten in die höhere Ebene zu ermöglichen. Wir rechnen damit, dass dies bereits in einem längeren Zeitraum (nach hiesigem Zeitverständnis) vor Ablauf 2012 stattfinden wird. Doch ihr seid diejenigen, die durch ihre Energiebewegungen den genauen Zeitpunkt der größten und letzten Verschiebung unter ihren Einfluss stellen.

Ich stehe euch zur Verfügung, wann immer ihr meinen Rat sucht.

Ich bin Djwahl Khul, der Meister der Weisheit, und ich lasse meinen Segen in euren nächsten bewussten Atemzug einfließen.
So sei es.

Chakren geben ihre Schätze preis

Alle Chakren sind für unsere Entwicklung hinein in eine andere Energiedichte von Bedeutung, und sie sollten durch geistige und körperliche Übungen sowie durch ein fließendes, wahrheitsgetreues und liebevolles Leben gestärkt, aktiviert und Schritt für Schritt entblockiert werden.

Die Chakren sind große Tore, die sich öffnen und ihre Schätze preisgeben, wenn wir bereit sind.

Die Arbeit an uns selbst ist die größte Aufgabe vor allen anderen. Es ist das Wichtigste überhaupt. Denn wer, wenn nicht wir selbst, lebt jetzt hier?

Die Chakren (alle sind wichtig!), denen in unserem Manifestationsprozess eine höhere Priorität eingeräumt wird und die du immer wieder freimachen darfst, sind das Wurzelchakra, das Kalpa Taru (unterhalb Herzchakra), das Herzchakra und das Sakralchakra sowie der Erdenstern. Du kannst diese Chakren allgemein mit Tönen, mit Räuchern und entsprechenden Übungen freibekommen.

Wie das im Einzelnen funktioniert, habe ich hier nochmals aufgeschlüsselt.
(Quellen: u. a. Internet „Chakren" H. Johari, „Das Buch der 28 Chakren", E.Wolf)

Erdenstern – 2 m unterhalb der Füße

Energetisierung für Lebenskraft und Liebe zu Mutter Erde

Thema	Achtung des Irdischen < > Missachtung der Natur Ich bade in der Fülle des Lebens. Ich fühle mich geliebt und geborgen im Schoße von Mutter Erde.
Stärkung	Kontakt zur Erde. Fülle empfangen, alles erblühen lassen, das Unmögliche möglich machen.
Nahrung	Bewusst essen – egal was.
Symbol	Vierseitige Pyramide, Energie auf Wasser einschwingen und öfter trinken.
Silbe	WOM
Aktivierung	Kräftiger Beinzug, Fußmassagen zur Erleichterung des Zugangs zur Erdkraft.

Materialisieren als Transformation durch Alchemie

Wurzelchakra – am Perineum (Damm)
Verdichtung durch Gravitation

Thema	Körperlich kraftvolle Präsenz < > Schwäche Besitz und Umgang mit Materie < > Losgelöstheit Sexuelle Triebkraft – Potenz < > Impotenz Mut < Feigheit – Das Männliche Ich bin die Kraft, ich tue, ich bin an meinem richtigen Platz.

Stärkung	Selbstsicherheit, Sport, manuelles Arbeiten, Kraftübungen, handeln, statt reden, Abhärtung, wilder Sex.
Nahrung	Proteine, Erdenergie
Symbol	Quadrat Ihr könnt die Kraft des Quadrates in Wasser einschwingen und trinken (einfach drei bis sieben Minuten darunterlegen). Grundsätzlich oft wiederholen.
Silbe	LAM / HU

Sakralchakra – unterhalb des Bauchnabels

Spannung und Dynamik durch Magnetismus, Gegensätze

Thema	Lebenslust < > Leblosigkeit Lustvoller Genuss < > Lustfeindlichkeit, Scham Spannung < > Langeweile Aggression < > Bravheit Das Weibliche, Libido
Stärkung	Selbstbefriedigung (im Sinne von sich etwas gönnen), sinnliche Genüsse ausleben, lustvoll und aggressiv sein, verwegener Sport, frech sein.
Nahrung	Fette
Symbol	Dreieck (Spitze zeigt nach oben). Kann ebenso in Wasser eingeschwungen werden, um das Chakra zu stärken
Silbe	WAM / O:H

Kalpa Taru – unterhalb des Herzchakras, zwischen Solarplexus und Herz

Verschmelzung von formloser Energie und Form zur Manifestation und Materialisation.

Thema	Großzügigkeit < > Mangelverhalten Manifestieren < > blindes Wollen und kraftloses Wünschen Glück und Lebensfreude < > Sorgen Selbstvertrauen < > Versagensängste Ich vertraue, ich habe Selbstvertrauen, ich manifestiere, ich wünsche, ich verdiene, ich traue mir das zu.
Stärkung	Sich selbst vertrauen, Vertrauen lernen, etwas möglich machen, mit dem Glauben Berge versetzen.
Nahrung	Licht und Erdenergie gleichzeitig
Symbol	Lemniskate (liegende Acht)
Silbe	HY

Herzchakra – Mitte der Brust

Harmonisierung durch Mitschwingen

Thema	Ich bin Liebe, ich liebe, ich ehre, ich vergebe, ich fühle mit dir, ich teile mit dir Selbstliebe < > Herzensbedürftigkeit Offenheit < > Verschlossenheit Loslassen und Annehmen < > Festhalten Mitgefühl < > Härte / Vergebung < > Schuld
Stärkung	Selbstliebe, tätige Liebe, Mitgefühl, echte Anteilnahme, „Liebe machen".
Nahrung	Gemüse
Symbol	Kreis – einschwingen auf Wasser, trinken.
Silbe	SAM; YAM; AH

Wichtige Chakren im Fluss der Energie für eine gute Fokussierung

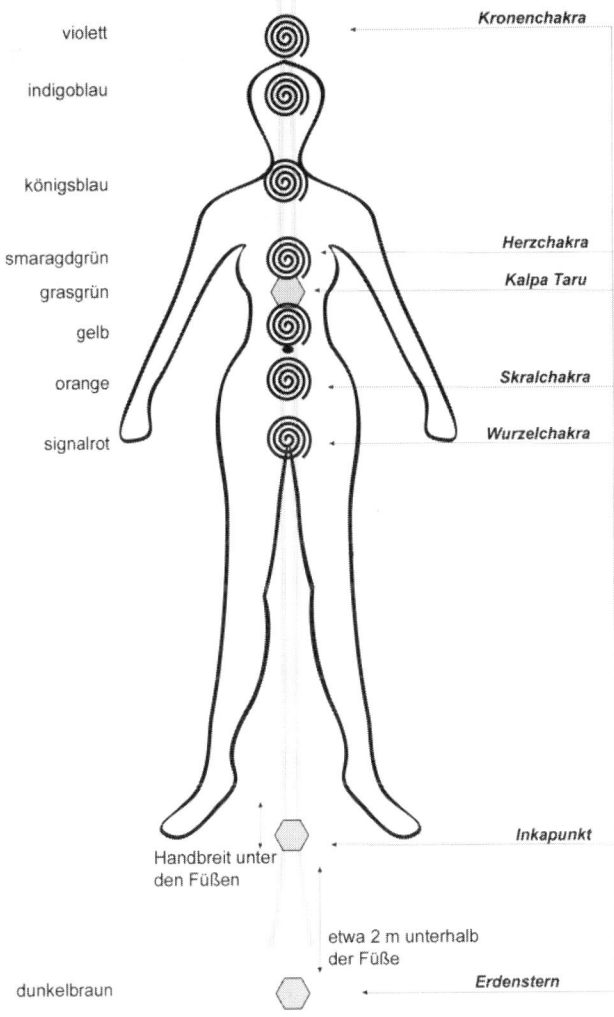

violett

indigoblau

königsblau

smaragdgrün

grasgrün

gelb

orange

signalrot

Kronenchakra

Herzchakra

Kalpa Taru

Skralchakra

Wurzelchakra

Handbreit unter
den Füßen

Inkapunkt

etwa 2 m unterhalb
der Füße

dunkelbraun

Erdenstern

Bring deine Kreationen in die Materie

Geerdet sein bedeutet, Mutter Erde zu lieben, sie zu ehren und zu schützen. Schau, was du diesbezüglich in deinem Leben noch verändern kannst. Wir alle, jeder für sich selbst und somit ALLEINS, können so viel tun. Vielleicht beginnst du, Mutter Erde dafür zu danken, dass sie dir dein Gemüse und deine Früchte wachsen lässt, die du täglich verspeist, oder du gehst an eine Quelle und lässt deine Liebe hineinfließen, damit sie zur Erde zurückfließt. Vielleicht siehst du nun deinen Garten mit anderen Augen und erkennst, dass da sehr viele Wesen, Naturgeister, Elfen und Feen sind, die deine Früchte, Blumen und Gemüse gedeihen lassen. Der Samen, den du in den Boden bringst, ist nur ein winzig kleiner Teil des Prozesses, in dem irgendwann daraus ein Baum wird. Du kannst kleine Rituale machen. Lege Steine oder Stöcke an schöne Stellen im Garten, sodass sich auch die Naturgeister mit erfreuen können. Nimm öfter deinen Garten (sofern du einen hast), den Park oder die natürlich Umgebung wahr. Alle Energien spüren das um dich herum, und es erdet dich.

Die Erde ist ein großes, liebevolles Wesen, das uns beherbergt, geborgen hält, mit seiner Kraft versorgt. Du kannst es fühlen und seine Liebe spüren. Manche Channelmedien sagen, Gaia sei unser natürliches Raumschiff, mit dem wir durchs Universum „schweben". Auf jeden Fall lebt sie. Und sie atmet – ebenso wie die Quelle auch – in einem sehr großen Zyklus aus und ein. Das ist bereits erforscht. Sicher gibt es künftig gerade noch viel mehr Material als das, worauf die Forscher bisher gestoßen sind. Indem sie beispielsweise die Veränderungen der Temperatur, die entsprechenden magnetischen Felder gemessen und lange Perioden hindurch beobachtet haben, stellten sie fest, dass es einen gewissen Rhythmus gibt, in dem sich diese Werte zyklisch verändern. So atmet unsere Erde wohl vormittags gegen elf Uhr ein und am Nachmittag wieder aus.

Du kannst sehr gut den Herzschlag des Planeten spüren und vielleicht auch den Atem, wenn du sehr tief mit ihm verschmilzt.

Hier ist eine Meditation, wie du dich mit den irdischen Kräften verbinden kannst.

Suche dir einen schönen, ruhigen Waldplatz für diese Meditation, wo du wirklich nicht gestört wirst. Ist es gerade Winter, wenn du das liest, dann suche dir einen Platz, der zumindest ebenerdig liegt, du Ruhe hast und wo du vielleicht Wald oder Bäume sehen kannst.

Meditation für die Verbindung mit Mutter Erde

* *Atme dich in den senkrechten Strom, der dich zur Quelle führt und nach unten mit der Erde, mit dem planetaren Zentrum, verbindet.*
* *Komme zutiefst bei dir an und spüre dich.*
* *Öffne dein Herz weit und lass alles los, gib es an die Mutter ab – wie ein Kind, das seine Sorgen erzählt und dann befreit ist.*

- *Spüre den Waldboden unter dir, das Gras, die Wurzeln der alten Bäume, die dich umgeben*
- *Mutter Erde, die dich trägt und schützt, ist ein Wesen wie du.*
- *Sie atmet wie du – du kannst es spüren.*
- *Lass dich nun in deinem senkrechten Strom nach unten in den Boden fließen.*
- *Mach dich flüssig wie Wasser und stell dir vor, deine Körperstrukturen zerrinnen.*
- *Spüre, wie du tiefer und tiefer hinuntersinkst, wie du vollkommen mit Gaia verschmilzt.*
- *Du bist jetzt EINS mit ihr, und sie zieht dich weiter und weiter in ihr Zentrum – direkt in ihr kristallines Herz.*
- *Du fühlst, wie ihre Lebenskräfte pulsieren, wie ihre Säfte in den Erdadern fließen – du fühlt es in dir, weil du in ihr bist.*
- *Du fühlst ihren Herzschlag als deinen, lässt deine Liebe zu ihr fließen und atmest mit ihr gemeinsam.*
- *Du spürst, dass etwas mit dir passiert, dein Körper verändert sich.*
- *Du siehst auch die Farben von Mutter Erde, glühendes Rot, feuriges Orange, leuchtendes Gelb – und dann Ocker, warmes Braun, dunkles erdiges Braun.*
- *Du bist in ihrem Raum angekommen.*
- *Bitte nun Gaia, dass sie dir ihre heilenden Kräfte zufließen lässt, dass sie dir hilft, alle deine nach unten ziehenden Chakren zu reinigen und zu aktivieren.*
- *Spüre in deine Verbindung nach unten hinein, was passiert.*

- *Mutter Erde versorgt dich nun mit allen Kräften, die dir fehlen und die du nun bereit bist anzunehmen.*
- *Lass es einfach geschehen und sei dankbar.*
- *Wisse, du bist geborgen, du bist geliebt, du bist beschützt.*
- *Und nun spüre den kraftvollen Strom, wie er sich nach oben wälzt und dein ganzes Körpergefüge durchdringt.*
- *Spüre die Kraft, den Mut und die Zuversicht, die sie dir jetzt mitgegeben hat.*
- *Nimm es an und halte es in dir in Liebe.*
- *Nach einer Weile kannst du dann langsam zurückkommen ins Hier und Jetzt.*

Danke, liebe Gaia, für diese wunderschöne Meditation.

U-Rune

Wozu dient die U-Rune?

In erster Linie dazu, um dich zu erden. Darüber hinaus dient sie dazu, deine Ideen zu verwurzeln, damit diese sich in der Wirklichkeit manifestieren können. Sie erfüllt dich mit neuer Lebenskraft und wirkt sich positiv aus, wenn du neue Projekte ansteuerst. Sie gibt dir innere Stärke, damit das Vergangene abgeschlossen wird und du neu beginnen kannst. Mit Hilfe der Rune können wir Situationen kreativ beeinflussen, damit wir mehr und mehr Erfüllung finden.

Acht Schritte der Manifestation – Matrix der Fülle

Inspiriert durch Soana – Priesterin für Reichtum und Fülle aus Atlantis

Meine geliebten Brüder und Schwestern aus einer anderen Zeitlinie, ich bin bei euch, und ich freue mich, wenn ihr mich ruft, um euch in diesen Zeiten des Chaos und der Verwirrung, des Auftauchens der dunkelsten Energien aus allen Zeitaltern, zu unterstützen.

Meine Arbeit in Atlantis war es, die Menschen immer und immer wieder mit den Räumen der Erfüllung, der Schönheit, des Reichtums und der Freude zu verbinden und in ihnen durch meine Kraft innere Bilder wachzurufen, mit denen sie sich wieder verbinden könnten. Da die Schleier nun immer dünner werden und die Menschen sich nicht zuletzt auch aufgrund ihrer eigenen chaotischen Lebensumstände aus diesen Frequenzen endlich befreien wollen, bin ich natürlich gerne bereit, bei euch zu sein.

Viele von euch sind noch so verwirrt und gefangen, dass sie es allein gar nicht schaffen können, aus den Verstrickungen der derzeitigen Energien und außerdem mehrerer karmischer Bande herauszufinden und daher wirklich Hilfe annehmen sollten.

Daher freue ich mich, dass ihr euch immer wieder in solchen Gruppen zusammenfindet, um eure Themen zu transformieren und in neue Räume hineinzufließen.

Bedenkt, liebe Schwestern und Brüder, es passiert nicht von allein. Ihr müsst als ersten Schritt eure innere Entscheidung kundtun, damit sich für euch weitere Türen öffnen können. Im damaligen Atlantis habe ich Zeiten erlebt, in der sich die Menschen immer weiter verstrickt haben in die materielle Welt und aus ihren Anhaftungen ebenso wenig herausfanden. Ich habe mich wirklich sehr bemüht, ihnen zu helfen, ihnen den anderen Weg aufzuzeigen, aber sie waren taub und haben meinen Worten keine Aufmerksamkeit gezollt. Sie waren so geblendet von der Illusion von Macht und Reichtum, dass sie vergaßen, auf welchen Schwingen sie in diese Realität gelangt waren. Sie wurden gierig und egoistisch und wollten immer mehr. Nach vielen Jahren meines Bemühens, die mich viel Kraft gekostet und sehr geschwächt haben, verließ ich dann diese Ebene wieder, um in einer anderen Zeitperiode meinen Dienst zu tun.

Heute sind wir wieder in einer Phase angelangt, in der großartige Potenziale bereits vorhanden sind. Nur, die Menschen müssen lernen, diese Potentiale zu nutzen.

Fordert unsere Hilfe an, denn wir können euch nicht unterstützen, wenn ihr es nicht wollt.

Wir – und hiermit spreche ich für die gesamte Geistige Welt – respektieren den Weg eines jeden Wesens auf diesem Planeten, denn ihr seid hier, um aus den Erfahrungen der Dualität und der physischen Dimension große Erfahrungen zu generieren, die ihr später anderen Wesen weitergeben könnt.

Diese Erfahrungen in euren Inkarnationen auf der Erde dienen euch nicht nur als Fülle von verschiedenen

Ausdrucksformen, die ihr lebtet als Zeit des Empfindens und Fühlens oder als Abenteuer Leben, sondern sie sind viel, viel mehr. Diese Frequenzen, die ihr hier durchlauft, sind gewissermaßen für euch eine Ausbildung für die Zeit, die ihr schon bald wieder in höheren Dimensionen verbringt. Ihr erreicht gerade eure Habilitation in der Wissenschaft der Verkörperung, wenn ich das so sagen darf. Aufgrund eurer vielschichtigen gelebten Umstände, eurer Beziehungen zu anderen Wesen und der gesamten physischen Realität, seid ihr angefüllt mit einer Vielzahl von Frequenzmustern, die Millionen eurer geistigen Brüder und Schwestern nie erleben werden. Genau darin werdet IHR sie lehren, ihr werdet ihnen darstellen können, was es bedeutet, in einer physischen Verkörperung zu sein. Denn nicht jedem Wesen in diesem Universum ist es bestimmt, diese intensive Erfahrung zu erleben.

Ihr könnt das jedoch nur weitertragen, wenn ihr dauerhaft an euch arbeitet, an der Erweiterung eures Bewusstseins, an eurer Erinnerung, an der Verbindung zu eurem wahren Wesen.

Seid euch dessen immer bewusst. Ich sagte bereits: NICHTS passiert von allein! Es gilt voranzugehen, um später vielen, die nach euch erwachen werden, genauso zu helfen, wie es einige von euch heute bereits tun. Ihr habt alle eure Aufgaben, meine Lieben. Trefft die innere Entscheidung, eure wahre Lebensaufgabe zu finden, und ihr werdet sofort unterstützt. Einmal aus den Reihen der Geistigen Welt, aber scheut euch auch nicht, die Hilfe der vielen inkarnierten abgestiegenen Meister anzunehmen,

die sich bereits in physischer Verkörperung unter euch befinden. Wisset, meine Lieben, es gibt nichts Wertvolleres
als geistiges Wissen. Atmet das jetzt einmal ein und aus.

Ich bin nicht nur auf dieser Ebene, um euch zu unterstützen, dass ihr in eure Kraft kommt, sondern vor allem
auch dazu, um euch daran zu erinnern, dass ihr nicht dieselben Fehler macht wie damals. Denn fühlt einmal, wohin euch das nun gebracht hat. Fühlt, was die Mächtigen
dieser Welt, die dieses Spiel perfekt beherrschen, nun fa-
briziert haben mit dem Planeten Erde, mit der Menschheit.

Seid klug, liebe Schwestern und Brüder, und lasst euch
nicht wieder in die Gier fallen, wenn ihr bemerkt, dass es
für euch als Schöpfer ein Leichtes ist, allen Reichtum anzuhäufen, den ihr euch vorstellen könnt.

Natürlich wird dies noch eine Weile dauern.

Aber dieses Mal ist dafür gesorgt, dass das, was damals vorgefallen ist, nicht wieder passieren kann. Denn
der Reichtum wird nur den Seelen zufließen, die ihre
Schöpfungen im Sinne des Aufstiegs und mit der Energie
ihres Herzlichts kreieren. Dadurch ist sichergestellt, dass
nur die wirklich liebevollen Kreationen und Projekte um-
gesetzt werden können. Und das Geld wird sich immer
mehr bei jenen einfinden, die es im Fluss halten und nicht
wieder horten. Denn ihr wisst, dass eine vermeintliche Sicherheit durch Geld niemals wirklich existierte. Was auch
immer ihr euch vorgestellt habt, wenn ihr größere Sum-
men des baren Vermögens anhäuftet, es war der falsche
Weg. Ihr hattet die falschen Berater. Wo nun eure Banken
und Finanzsysteme ganz empfindlich ins Wanken gera-

210

ten sind und vielfach ums Überleben bangen, könnt ihr es selbst sehen, nicht wahr? Sie können sich nicht wieder aufrichten, der Zug ist längst abgefahren.

Geld ist nunmehr ein Mittel, um das umzusetzen, was ihr im Herzen tragt. Aber nicht das Geld sollt ihr manifestieren, denn das könnt ihr niemals im Herzen tragen. Es wird von ganz alleine zu euch fließen, wenn ihr euch an euren Schöpfungen erfreuen könnt und spielerisch mit der euch innewohnenden Kraft und Empathie im Vertrauen seid.

Ich gebe mein Wissen und meine Hilfe in dieser Zeit gerne an jene weiter, die in ihrem Herzen Liebe tragen und dies mit ihren anderen Brüdern und Schwestern teilen, um sie auch im weitesten Sinne zum Aufstieg der Erde und der Menschheit zu nutzen. Damit ist sie geschützt, und es kann nicht wieder zum Absturz kommen.

Natürlich dürft ihr, Geliebte, für euch das BESTE erschaffen und selbstverständlich auch empfangen, denn es ist ja alles da. Schöpft aus dem VOLLEN AUF ALLEN EBENEN und schränkt euch nicht mehr ein.

Einschränkung ist Mangeldenken. Die Matrix, in die ihr euch einwählen dürft, ist bereits geknüpft. Ihr habt in den nächsten Monaten und Jahren unendliche Freiheiten, was eure eigenen Schöpfungen anbelangt – so viel kann ich euch jetzt schon einmal mitteilen. Wählt euch ein in die Matrix der Fülle und des Reichtums – so, wie es die Reichen und Superreichen schon seit Jahrhunderten getan haben, denn sie kannten den Kode.

Vielfach wurde dieser innerhalb der Familie vererbt oder in gewissen Bruderschaften initiiert.

Jetzt steht der unbegrenzte Reichtum erstmals ALLEN zur Verfügung. Allen, die bereit sind, sich an ihr Schöpfer-potenzial zu erinnern.

Da die Reichen lange verlernt haben, ihren Reichtum zum Wohle aller fließen zu lassen und in egoistischer Weise Geld verprassen, um wertlosen Ballast anzuhäufen, der ihre geistig-seelische Entwicklung vollends behindert, werdet ihr alle Zeuge sein, wie sie ihre Millionen und Abermillionen verlieren. Es wird keine Resonanz mehr dazu geben, Reichtum innerhalb der Armut von Massen horten zu dürfen.

Ihre Frequenzen sind dadurch in Disharmonie, weil Gier kein geheiltes Erfülltsein ist, und das wirkt dem Aufstieg des Planeten und damit der gesamten planetaren Familie entgegen.

Längst sind ihre Geldhaufen zu schweren Granitblöcken geworden. Doch der Fluss drängt vorwärts und ist so stark, dass er alles fortreißt, was sich nicht in seine Fließrichtung bewegt. Wer nun festhält an dem materiellen Ballast, wird zunächst allen Ballast loslassen müssen, um nicht unterzugehen. Später werden die, die es nicht vermögen und weiterhin Halt suchen an materiellen Gütern, von dem Strom des Wandels in die Tiefe gerissen. Es wird dennoch zahlreiche Menschen geben, die an einem Punkt in ihrem Leben angelangen, an dem sie sich noch rechtzeitig von Geld und Besitz lösen. Diese Seelen gehen damit beispielhaft voran und erhalten Würde und Ehre. Sie finden nach dem Abschluss ihrer Lektionen leicht einen neuen Platz in der Gemeinschaft, und auf ihre Erfahrungen und Fähigkeiten wird großen Wert gelegt.

Denn wisst, ihr lieben Seelen, jeder, der die materiellen Güter der alten Energie freudvoll loslässt, bekommt hochfrequente spirituelle Energien als Ausgleich zurück. Was das bedeutet, kann allerdings nur derjenige nachempfinden, der diesen Weg wählt. All jene werden erhöht und auf vielen ungekannten Ebenen wahrhaft bereichert werden. Ihre Herzen dürfen heilen, und sie dürfen erkennen, was das Leben wirklich für sie bereithält.

Auch auf diesem Weg kommt es zu einer großen und gerechten Umverteilung der finanziellen Energien – zumindest für die Zeit, in der ihr noch die Münzen und Scheine benötigt. Nur noch einige Jahre sind es, doch das erwähnte ich bereits.

Hier habe ich für euch acht einfache Lernschritte hereingebracht

1. **Verbindet euch mit der Geistigen Welt, wo immer ihr seid.**
   Seid euch bewusst, dass wir euch begleiten, wir euch aber nur helfen können, wenn ihr in Verbindung mit uns seid.
   Das gewährleistet gleichermaßen folgende Voraussetzungen:
   a) Wenn ihr in Verbindung seid, habt ihr eine höhere Schwingung, und wir können leichter mit euch kommunizieren.
   b) Ihr habt somit genügend Energie, die ihr auf jeden

Fall braucht, um eure Kreationen zu manifestieren

c) *Ihr seid in diesem Moment raus aus der Matrix des Massenbewusstseins, das in dieser Periode leider vielfach aus niederen Frequenzen der Machtlosigkeit, des Opfertums, der Verzweiflung der Angst und weiteren tiefschwingenden Bändern durchzogen wird.*

2. Lasst das Licht eures Herzens leuchten, richtet eure ganze Aufmerksamkeit darauf.

3. Transformiert alle eure blockierenden Muster.
Was behindert euch, wenn ihr an euren Wunsch denkt? Welche Glaubenssätze, welche Emotionen, welche dunklen Bilder überschatten diese Kreation? Nehmt die Schatten an und wisst, es ist in Wirklichkeit ebenso reines Licht.

4. Liebt eure Kreationen JETZT und erfreut euch an ihnen. Seid sie!
Wenn ihr etwas erschaffen möchtet, kommt es darauf an, wie intensiv ihr die jeweiligen Frequenzen der Schöpfung halten könnt.
Habt ihr keine Ausdauer, werden eure Schöpfungen sich nicht manifestieren. Je stärker und bewusster ihr den Fokus legt, desto schneller werden sich die Dinge materialisieren. Je mehr Freude und Liebe ihr dabei walten lasst, umso kraftvoller kommt es in euer Leben.

5. **Erdet eure Schöpfungen.**
Seid euch darüber im Klaren, dass es keine Hirnge-spinste bleiben, daher nutzt die Möglichkeiten, euch mit Mutter Erde zu verbinden und eure Kreationen immer wieder zu fühlen, zu begreifen, zu sehen. Tut genau das, was ihr auch tun würdet, wenn ihr bereits alles erschaffen hättet.

6. **Habt den Mut, sie wieder loszulassen.**
Habt Vertrauen in den Schöpfungsprozess und in euch.

7. **Liebt euch selbst am meisten dafür, dass ihr Schöpfer seid.**
Sonst funktionieren alle eure Kreationen nicht, denn es fehlt euch die wesentliche Schaffenskraft, die Po-wer, um die Ziele energetisch anzuziehen.

8. **Gebt in Liebe, wenn ihr im Fluss seid. Wer teilt, bekommt noch mehr.**
Lasst eure Schöpferenergie freudig sprudeln und hal-tet nichts fest, denn auch Geldenergie will fließen wie das gesamte schöpferische Universum. Seid ihr ein-mal damit verbunden, dann wisst ihr, wie es funktio-niert, und könnt jederzeit neue Dinge erschaffen. Fest-halten bedeutet, im Mangel zu sein.

Das sind meine acht Schritte zum bewussten Erschaf-fen in Liebe, und ich hoffe sehr, dass ihr davon Gebrauch machen werdet. Ich begleite euch gerne, auch wenn ihr in Gruppen zusammentrefft. So kann jeder von den Erfahrungen der anderen profitieren. Und spürt hinein, was dann passiert: Es ist an sich nichts als eine logische Konsequenz dessen, was wir Energiebewegung für Manifestationen nennen. Indem ihr diesem Thema immer mehr Aufmerksamkeit gebt, beginnt es, sich in eurem Leben zu manifestieren.

Es ist völlig in Ordnung zusammenzukommen, um dem Bereich, der all die Jahre total unterversorgt war, weil ihr auch von der anderen Seite viel Kraft und Energie entzogen bekamt, nun wieder die vollste Beachtung zu widmen.

Es ist JETZT vorbei, meine Lieben. Ab jetzt, wo ihr eure Entscheidung getroffen habt, weht definitiv ein anderer Wind. Deshalb bleibt auf eurem Weg, der immer der richtige ist – ob himmelhochjauchzend oder zu Tode betrübt.

Ihr spürt es genau an euren Umständen, die sich euch entgegenstellen.

Ist es leicht, haltet ihr den Kurs. Wird es ungemütlich, dann kann jede Kurskorrektur hilfreich sein.

Ihr müsst nicht mehr leiden, die Zeit ist abgelaufen. Entscheidet euch für Wohlstand, Fülle und ein freies Fließen.

So sei es!

Ich bin bei euch, wenn ihr mich ruft, und ich helfe euch mit meiner Energie, in die Schwingung der Fülle und des Reichtums zu gelangen.

Ich bin Soana aus Atlantis– Priesterin der Fülle und des Reichtums.

Erschaffe innerhalb deines Herzkristalltempels

Der Herzkristalltempel, oder einfach dein Herzraum genannt, ist genau der Quantenraum des Lichts, in dem du dich versenkst, um deine Kreationen, deine Wünsche und Vorstellungen zu erschaffen. Bemühe dich, sooft du daran denkst, mit deiner Aufmerksamkeit im Herzen zu bleiben. So wirst du deinen inneren Kristall immer mehr stärken und ihn in einen kraftvollen Manifestationstempel verwandeln.

Wir haben bereits in vorhergehenden Kapiteln erörtert, welche Schritte wichtig sind, um die geballte Energieladung in eine Richtung zu deinem Ziel zu lenken.

Ich zähle noch einmal einige Punkte auf, damit es dir leichterfällt und du dir in der Übersicht alle gewonnenen Erfahrungen, Einsichten und Erkenntnisse bewusst machen kannst. Die Punkte sind die Basis des Manifestierens, sie dienen deiner Vorbereitung.

- **Bemühe dich, einen klaren, hellen Herzraum zu erschaffen.**
  Dazu gehört in erster Linie, deinen Herzraum zu entrümpeln, ihn immer wieder zu betreten und dich in ihm zu zentrieren.

- **Transformiere alle blockierenden Gefühle und Widerstände.**
  (Vielleicht: Es nicht wert zu sein, es nicht verdient zu

haben usw., eben die allgemeinen dramatischen Ausrichtungen.)

- **Bedenke, dass du niemals höher hinaus kommst, als du tief graben kannst.**

- **Sorge dafür, dass du gereinigt, zentriert und in einer guten Energie bist.**
(Mit den aufgezeigten Mitteln und Möglichkeiten.)

- **Atme senkrecht, damit du dich in deiner wahren Verbindung befindest und aus dem Massenbewusstsein ausklinkst.**
(Entsprechend der Skizze, die ich angefertigt habe.)

- **Fokussiere dich in Liebe auf dich selbst, dann auf deinen Wunsch mit deiner gesamten Vorstellungskraft, einer klaren Entscheidung und von ganzem Herzen.**
Hier sollte die größte Menge an Energie fließen. Wenn du deinen Herzliebesstrom nicht fühlst, dann erinnere dich daran, was oder wann du in deinem Leben am stärksten positiv gefühlt oder geliebt hast. Nutze genau diese Kraft. Viele verwechseln diese Herzkraft mit der eingeweidegesteuerten Sinneslust. Achtung: Diese ist nicht gemeint.

- **Du solltest deine Kreation fühlen, sonst kannst du sie nicht manifestieren.**

Denke immer an die Geschichte mit dem Jungen, der sich sein Fahrrad erschuf.

- **Sei täglich geerdet, sonst zerplatzen deine Kreationen wie Seifenblasen in der Luft.**
Erde dich in deiner Verbindung, sonst schwebst du immer einige Zentimeter über dem Erdboden, und deine Wünsche können sich so nicht materialisieren. Also, es kommt nicht nur darauf an, dass du deine Kreationen und Wünsche erdest, sondern in erster Linie dich selbst.
Manchmal reicht es, sich auf einen Rasen zu legen und mit der Erde zu verschmelzen. Barfußlaufen, Hände und Füße nach unten ausrichten, U-Rune, laufen, springen, trommeln, wild tanzen, schlafen, schwitzen (Sauna, Schwitzhütte), frisch geerntete Früchte der Erde essen oder Quellwasser trinken, und Bedanken erdet genauso.

- **Verbinde dich auch in dieser Hinsicht immer wieder mit deinem Höheren Selbst und integriere diese Energie in deinen Körper.**

Manifestation

Die Manifestations-Meditation ist eine direkte Energie-übertragung der Meister und Engel und deiner geistigen Familie, die immer um dich ist. Sie wurde in der Energie der Erzengel und Meister sowie vieler anderen Wesen der Geistigen Welt inspiriert. Die Schwingungen dieser Wesen fließen über die Worte und über spezielle Kodierungen zwischen den Zeilen herein. Du wirst es fühlen.

Diese Energie-Meditation sollte nur an einem wirklich ruhigen Platz ausgeführt werden – ohne jegliche Störung, ohne Ticken, Klacken oder Anrufe, ohne Handy oder andere Frequenzaussender. Jedes Ticken oder Klacken bindet dich in eine Zeitstruktur ein, die du ja innerhalb der Meditation für einige Momente verlassen willst. Ich habe außerdem nur für diesen Raum eine CD kreiert, die du entweder unter meiner Website www.lichtkristallportal.de oder auch im Handel (ISBN: 978-3-9813477-0-8) bestellen kannst. Mit dieser CD werden weitere Energien übertragen, Tore geöffnet, und du darfst dich noch etwas weiter hinaustragen lassen, um schließlich wieder ganz bei dir selbst anzukommen.

Du solltest diese Meditation nur dann praktizieren, wenn du bereits Meditationserfahrung gesammelt oder alle anderen Meditationen im Buch bereits erfolgreich praktiziert hast. Andernfalls kannst du dich nicht tiefgründig genug verbinden, so, wie es diese Energieübung erfordert, und es fehlen wichtige Lektionen, die du zuvor gemeistert haben solltest. Der Text ist dieses Mal etwas länger, und ich meine, es ist besser, wenn du die Meditation aufsprichst. Schau, wie du zurechtkommst.

Rase sinnvoller Weise nicht hindurch. Begegne dir selbst, der Geistigen Welt, die dich unterstützt, und Allemwas-ist nun voller Respekt. Es ist auch möglich oder empfehlenswert, die Meditation vor dem Einschlafen zu praktizieren – allerdings erst beim zweiten Mal. Das erste Mal sollte dein System den gesamten Ablauf einmal durchgespielt haben, weil du so einen Energieweg anlegst, an dem sich dein System später gerne orientiert (falls du dann doch einmal einschläfst). Deine Kreation hast du klar in deiner Vorstellung, wenn du beginnst.

Du kannst vorher ein kurzes „Schütteltänzchen" vollführen, indem du dich so richtig durchbewegst und alle Spannung, alle Last raus- und damit abschüttelst.

Dynamische Energie-Meditation für Kreationen, Projekte und Wünsche

- *Atme dich frei, indem du alles loslässt, was vorher war, was jetzt ist und was dann sein wird.*
- *Atme deinen Lichtkanal vertikal hoch und tief, wurzele tief unten im Herzen der Mutter Erde – und hoch – so weit du kommst – bis ins Herz von Vater/Mutter GOTT.*
- *Spüre dich, wie du atmest, wie sich dein Kanal aktiviert.*
- *Fühle das mächtige Wesen Erde in der Tiefe, an einem Ende deiner Lichtverbindung, und wie die Quelle sich weit aus kosmischer Höhe in dich ergießt und dir damit selbst das Zepter übergibt, dein eigener Quell zu sein.*
- *Du kannst es tief in dir, in deinem Herzen fühlen, an dem Punkt, wo unzählige Torwege sich kreuzen und in alle Richtungen strömen, wo wirbelnde Kräfte formend wirken.*
- *Nimm deinen Herzraum in Besitz – du bist hier der Lenker und Herrscher über alle Energien, die heraus- und hineinfließen.*
- *Nimm deinen dir gebührenden Platz jetzt hier ein.*
- *Schaue dich um und fühle, welche Wesen noch in diesem Raum anwesend sind in diesem Moment.*
- *Rufe jetzt von Herzen alle Engel und Meister, die dir beistehen mögen.*
- *Fühle, wie sich dein Herzraum erfüllt, wie er immer mehr im Licht erstrahlt und leuchtet.*

- *Fühle die Freude und die Stille an dem Ort, an dem du jetzt bist.*
- *Und nun nimm einen tiefen Atemzug und kreiere deinen Wunsch, dein Projekt, deine Vorstellung direkt in dein Herz.*
- *Sieh die Formen des Wunsches ganz genau in jedem Detail. Streiche über diese Strukturen, erfühle sie in deiner Vorstellung – immer und immer wieder.*
- *Fülle diese Formen, die du nun auf einer Ebene bereits entwickelt hast, nun an mit deiner Freude, deiner Liebe, deinem Licht und deiner Dankbarkeit.*
- *Erhöhe so die Energien deiner Kreationen. SO SEI ES!*
- *Schau zu den Engeln und Meistern, die um dich herum dein Tun begleiten. Sieh, wie sie ihr Herz, ihre Hände und Augen auf deinen Wunsch richten und ihre jeweiligen Farben, Lichter und Energien einfließen lassen.*
- *Nun schau nach oben; in der Höhe deines Herzraums öffnet sich das Himmelszelt, und es ergießt sich das silberne Licht des Mondes über deine Formen, und schau: Auch die Sonne steht hoch über dir und lässt ihre goldenen Strahlen über deine Wünsche fließen.*
- *Wie eine schützende Hülle legen sich die Strahlen um diese Formen und damit auch um dich selbst, denn du bist dein Wunsch.*
- *In dem Gefühl der Liebe und der Dankbarkeit lässt du dich nun in deinem schönen Lichtballon mit deiner Kreation nach unten sinken, immer tiefer, immer tiefer...*

- *Du spürst die dunkelbraunen, kühlen und feuchten Erdschichten, wenn du tiefer und tiefer sinkst; Kristalladern, Felswände, Lehmschichten, erdige Kühle, bis du direkt im Herzen der Mutter ankommst.*
- *Du zeigst Mutter Erde deine Kreationen und lässt sie deine Freude spüren – wie ein Kind, das zu seiner leiblichen Mama kommt, um ihr seine Glanzstücke zu präsentieren.*
- *Du bittest nun die Mutter, ihre Liebe in deine Kreationen fließen zu lassen, damit sie sich materialisieren mögen. SO SEI ES!*
- *Halte dein Herz weit geöffnet und warte nun, bis du die Liebe der Erde spürst.*
- *Nimm diese Liebe in dir auf und fühle, wie sie in deine Kreationen fließt.*
- *Nun steigst du auf in deinem Kanal, hoch bis in dein Herz, und erkennst, wie alle Lichtwesen singen und klatschen, weil du diese Stationen gemeistert hast.*
- *Du siehst deine gestaltete Form erblühen in all dem schimmernden Licht und nimmst nun den Lichtballon und schickst ihn hoch hinaus, durch die Öffnung deines Herzens in den Himmel – direkt zur Quelle.*
- *Schneide alle Schnüre, alle Fäden jetzt ab, die dich mit dem Ballon noch verbinden. Du lässt sie jetzt los.*
- *Du bittest nun Vater/Mutter GOTT, dir ihre Liebe zu senden, damit sich dieser Wunsch erfüllen möge.*
- *Im Sinne des Ganzen, im Sinne des Aufstiegs, im Sinne des Lebens. SO SEI ES!*

- *Du fühlst in tiefer Verbundenheit, wann die Liebe von GOTT zu dir fließt.*
- *Sei im Vertrauen, denn es ist JETZT vollbracht!*
- *Danke allen Wesen und damit dir selbst, denn du hast nun deine Energien bewusst gelenkt und geformt. Das ist der Schlüssel.*
- *Atme dich nun langsam wieder zurück ins HIER und JETZT.*

Du darfst dich zurücklehnen und noch eine Weile in den schönen Vibrationen dieser Manifestation schwelgen. Du hast nun deinen Wunsch manifestiert und beobachtest vertrauensvoll und ohne Zweifel, wie er sich Schritt für Schritt materialisiert. Die Energien haben sich bereits in einer höheren Ebene verdichtet und wollen nun ungestört mit Hilfe der Geistigen Welt im richtigen Moment in die Materie kommen. Lass dir den nötigen Raum, bis du deine Kreation empfangen wirst.

Was hindert dich jetzt noch auf deinem Weg?

Der Fluss der Energien ist jetzt in Bewegung gebracht, du hast mit deiner klaren Entscheidung deine Felder neu ausgerichtet. Es gibt im ganzen Universum keine höhere Instanz als Alles-was-ist. Bist du eins mit der Quelle, bist du auch eins mit Allem-was-ist, und alle deine Wünsche und Kreationen sind ebenso in dieser universalen Matrix enthalten. Alles existiert bereits – erinnere dich jetzt! Es kommt wirklich nur auf dich an, dass du dich neu orientierst und mit dem verschmilzt, was du in deinem Leben begrüßen möchtest. Alles andere ist Trennung.

Und noch etwas Wesentliches: Hast du deine Kreationen einmal gesetzt, dann vertraue in erster Linie dir selbst, dem göttlichen Funken in dir (und damit der Geistigen Welt), dass alles im Fluss ist.

Schenke dir Fragen wie: „Wo soll das Geld herkommen? Ich benötige es schon nächste Woche. Ob die Zeit überhaupt reicht? Wieso sollte ich ausgerechnet einmal Glück haben, und es klappt etwas? Mein ganzes Leben hatte ich Probleme mit diesem und jenem. Wieso sollte ich jetzt plötzlich in die Fülle kommen?" (Ich höre jetzt ein zustimmendes „Genau".)

Alle diese Fragen (und es gibt noch zig weitere) beruhen auf deiner alten Denkstruktur, die es zu verlassen gilt. Du findest auf den vorherigen Seiten eine Vielzahl von Übungen dazu. Mache dir bewusst, dass du jeden Augenblick genau das bist, womit du dich verbindest. Und wenn du oft – sehr oft – so denkst, dann hast du noch eine Menge Widerstände zu transformieren.

Es darf dir zutiefst gleichgültig sein, WIE sich deine Kreationen erfüllen. GIB DEN WEG NICHT VOR, damit begrenzt du alle Energien und drückst sie in eine festgesteckte, vorgegebene Struktur. Hab immer wieder Vertrauen, dass ES zur richtigen Zeit passiert. Hast du immer Probleme mit Geld gehabt, dann beginne nicht mit diesem Thema, weil tiefere Prägungen noch aktiviert sind.

Ich hatte in einem Seminar „Tempel der Fülle" einmal eine Freundin, die gerade in Rente gegangen war und sich natürlich sofort in diesem einmaligen Seminar eine monatliche Sofort-Rente von 5000 Euro kreieren wollte. Sicher geht das – mit viel Übung. Doch nimm die unterschwelligen Programme wahr, die gerade beim Thema Geld aktiv werden und auch aus dem Massenbewusstsein zu uns dringen. So bist du bereits am Anfang zum Scheitern verurteilt. Ich würde eher dazu raten, mit den Dingen zu beginnen, die du wirklich von Herzen lieben und annehmen kannst. So bist du erfolgreicher, machst anfangs kleine Schritte, oder lässt dir noch helfen (in den Seminaren zum Beispiel).

Natürlich erleben wir immer noch, wie uns alte Muster und Programme das Leben schwer machen. Doch du hast sie dir mitgebracht. Meinst du, um dich selbst zu ärgern? Nein, es sind deine Herausforderungen, denen du dich in Liebe stellen darfst. Halte dich nicht eine Sekunde länger mehr damit auf, all dies zu beklagen und dich wiederholt in alte Opferenergien zu begeben, sondern krempel die Ärmel hoch.

GEHE IN DEIN QUANTENHERZ
UND SEI DIE QUELLE!

Nur hier bist du in einer solch hohen Ordnung, dass diffuse Strukturen sofort zusammenbrechen müssen. Und diese neue, multidimensionale Matrix wird täglich stärker, weil unser Bewusstsein wächst. Immer mehr Menschen erwachen und erkennen, dass sie selbst der Verursacher ihrer ganzen Desaster und ebenso der Schöpfer ihres neuen, wundervollen Lebens sind. Klar, es dauert bei jedem genauso lange, wie er selbst benötigt, um die einzelnen Lernschritte abzuschließen. Und es gibt sicher auch die ewig Schlafenden, die ewig Leidenden, die ewig Kränkelnden. Du musst nicht dazu gehören.

Ich gehöre zu den Menschen, die viele Jahre gearbeitet haben – manchmal zwölf bis vierzehn Stunden am Stück (eigene Praxis). Welche unglaublichen Mengen an Energie habe ich aufgewendet! Heute verwende ich diese Energie ausschließlich für meine Bewusstseinsprozesse, für mein Ankommen in mir, für die Transformation der Felder, die ich nicht mehr haben möchte. Das ist anstrengend, jedoch führt es zu einem lohnenden Ziel. Der Alltag schleudert uns außerdem, und es passiert nicht selten, dass wir dabei auch viele verdichtete Energien, die sich immer noch in unserem irdischen Raum befinden, aufnehmen. So dürfen wir alle noch eine ganze Weile transformieren. Es herrscht quasi das Zwei-Schritt – Ein-Schritt-Prinzip. Kommen wir zwei Schritte voran, fallen wir einen wieder zurück.

Doch verzage nicht. Lege deinen Fokus neu und setze alle Energien, die du aufbringen kannst, dort hinein. So sparst du eine gigantische Menge an Kraft, hast viele Freiheiten und stehst trotzdem mitten in deinem Leben, das Ruder fest in der Hand. Ich tue immer mehr die Dinge, auf die ich große Lust habe, wie Malen, Schreiben, Lesen, in die Sonne schauen – eben einfach nur „Sein". Und ich muss ganz ehrlich gestehen, ich könnte in diesen Zeiten niemals mehr dauerhaft um fünf Uhr morgens aufstehen, mich in ein Büro oder an eine Arbeit quälen, um eine Menge seltsamer Dinge für irgendeinen Chef zu tun. Ich finde das extrem anstrengend und belastend und habe Hochachtung vor dem Weg der Seelen, die sich damit noch identifizieren und so weit in Trennung gegangen sind. Sicher gibt es diejenigen, die Freude daran haben, diese meine ich nicht. Ich meine die Seelen, die sich für ihre monatlichen Einkünfte quälen. Sie wissen meist alles genau und verleugnen sich trotzdem selbst, verstecken ihr Licht und tun so, als wäre das alles „ganz normal". Ist es das? Ihr wisst es. Und ihr könnt entscheiden, es abzustellen. Woran hängt ihr noch fest? Ich höre die Antwort: „am GELD! Von irgendwas muss ich doch alles bezahlen." (Ich schlage vor, ihr lest noch einmal nach.)

Versteht, ihr Lieben, dass wirklich alles von euch selbst genauso kreiert wurde – nur im Unterbewusstsein. Ich höre jetzt die Fragen: „Wo kämen wir denn hin, wenn jeder seinen Job kündigen würde?" Das ist der Punkt. Zu euch selbst! Nicht jeder, aber DU!

In Wahrheit müsst ihr nichts tun, ihr dürft es SEIN. Das bedeutet, ihr SEID (euer neues Leben – innen) und lasst alles zu euch kommen. Ihr tut nicht mehr im Außen und werdet sehen, wie sich die Dinge entfalten.

Nur – eure klare Entscheidung braucht es hier und jetzt!

Fokussiert euch auf das gute atlantische Erbe

Inspiriert durch die Atlantische Priesterin Soana.

Ich grüße euch, liebe Brüder und Schwestern, ich bin Soana, die atlantische Priesterin für Reichtum und Fülle, und ich freue mich, wieder einmal hier zu sein. Empfangt bei meinem Eintreten in eure Felder die Vibrationen der Fülle, der Freude, des Glücks. Atmet einmal diese Energien ein und empfangt mich so in eurem Atem.

Vieles zum Thema Fülle wurde in diesem Werk mitgeteilt, und ich bin hier, um euch auf wenige Details aufmerksam zu machen.

Meine lieben Brüder und Schwestern, ich kann sehr gut nachvollziehen, dass euch die Manifestation nicht sofort leicht von der Hand gehen mag, habe ich doch zu meiner Zeit in Atlantis ebenso die Menschen inspiriert, in Verbindung mit ihrem wahren Licht zu sein. Ich habe meine Energie dazu genutzt, um in liebevollen Erklärungen und Darstellungen meine damaligen atlantischen Gefährten zu bewegen, ihre Sichtweise, vom geistigen Standpunkt her gesehen, in eine ganzheitliche zu bringen. Ich habe mich viele Jahre bemüht, ihnen aufzuzeigen, wohin es führt, wenn sie ihre Wünsche, Vorhaben oder Projekte ohne Herz manifestieren, nur aufgrund ihrer brillanten mentalen Fähigkeiten. Denn ihr müsst wissen, sie waren erstklassige Lenker von Energien, hatten sie doch nicht wie ihr mit dem Zweifel zu kämpfen.

Viele meiner atlantischen Gefährten hatten eine ausgezeichnete Konzentration und konnten sich sehr lange Zeit fokussieren. Ihre Körper waren gestählt und wohlgeformt, und sie waren sehr intelligent und wissend. Wir hatten beileibe nicht mit so viel Unrat zu kämpfen wie ihr heutzutage, unsere Natur war noch intakt, wir hatten saubere Luft und sauberes Wasser, unsere Ernährung bestand aus sehr hochstrukturierter Kost, wussten wir doch, dass dieses die besten Bedingungen waren, um unsere Systeme reinzuhalten, damit wir immer hochkarätige Energien fließen lassen konnten. Unser Tagesablauf war geordnet, und wir verbrachten sehr viel Zeit damit, unsere Körper, unseren Geist und unsere Seele zu regenerieren. Und daran hatten wir Spaß, denn es gab unzählige Tempel, in denen uns Hohepriester zur Verfügung standen, die uns mit ihrem Wissen führten, lehrten und unterwiesen. Je nachdem, wie wir unsere Erfolge zu verzeichnen hatten, konnten wir in diesem oder jenem Bereich weitergehen. Jeder durfte sich frei entscheiden, zu welcher Zeit er sich mit den Dingen seiner Wahl beschäftigte.

Je mehr die Atlanter ihre Fähigkeiten erweckten und dadurch in höhere Ränge aufsteigen konnten, desto mehr Freiheit wurde ihnen zugestanden, denn waren sie doch meist schon sehr spezialisiert und arbeiteten ausschließlich an den Projekten, denen sie aus innerer Bestimmung heraus ihre ganze Aufmerksamkeit schenken wollten. Wir waren sehr verbunden mit vielen anderen Dimensionsebenen, und wir kannten Zeitschlösser, Frequenzwege und Tore, um in andere Räume zu gelangen.

Wir trafen mit außerirdischen Mächten zusammen und forschten gemeinsam an bestimmten Projekten, innerhalb, außerhalb des Planeten und auf ihm. Wir nutzen die Erkenntnisse beim Bau von komplexen technischen Anlagen, die es uns ermöglichten, nicht nur den Körper zu dematerialisieren und ihn an einer anderen Stelle wieder zu materialisieren, sondern wir konnten auch ungestört und teilweise ungesehen auf anderen Planeten landen und unsere Forschungen dort betreiben.

Meine atlantischen Gefährten wussten, wie sie Energien bewegen konnten, und durch diese Art der gerichteten Aufmerksamkeit konnten sie gigantische Bauwerke, technische Höchstleistungen und außergewöhnliche Projekte materialisieren, die nach eurer heutigen Sichtweise alle bereits an Wunder grenzten.

Glaubt ihr mir nun, dass es mir mit jedem Jahr schwerer fiel, sie zu überzeugen, sich wieder mit ihrer Herzkraft zu verbinden? Denn sie waren so begeistert von ihrer Schöpferkraft, ihrem Wissen und ihren Fähigkeiten.

Es kann sich heute niemand mehr vorstellen, welch große Blüte wir allein durch unser Bewusstsein und unsere Manifestationskraft erlangt hatten. Wir hatten große Priester, die in vielen Inkarnationen in Atlantis geschult wurden und durch ihren hohen Intellekt und ihren Fokussationsstrahl, der über den Kronen-Eintrittspunkt und einen inneren Kristall gelenkt wurde, in der Lage waren, die Informationen anderer Zivilisationen aufzunehmen, zu übersetzen und in unsere Forschung zu integrieren. Das waren großartige Leistungen, auf die wir sehr stolz waren.

Und heute, in dieser wandlungvollen Periode, die ihr gerade durchlebt, sind viele meiner atlantischen Gefährten wieder unter euch. Eure Mentalisten sind beispielsweise oft Atlanter. Aber auch in Wissenschaft und Forschung sind diese Seelen wieder zu Hause und arbeiten noch unbemerkt im Hintergrund, um zum richtigen Zeitpunkt hervorzutreten und ihre Erkenntnisse offen darzustellen. Dieses Mal sind sie vielfach gekommen, um nicht wieder die gleichen Fehler zu machen wie damals. Doch auch sie hatten in all den Jahren ihrer erneuten Inkarnation an den karmischen Lasten aus dieser Zeit zu tragen. Sie werden sich dieses Mal erneut transformieren, um ihre Inkarnationsabsicht zu verwirklichen. Ihr werdet sie als große Meister komplexer Strukturen und Systeme erkennen, als brillante Denker, als von höherer Ebene geführte Forscher. Vielfach haben sie jetzt bereits Zugang zu ihrem vollen Potenzial. Um sich vollständig zu entfalten, bedarf es jedoch noch der richtigen Gelegenheiten. Diese bieten sich in den kommenden Monaten bis 2012 in großer Zahl.

Eine Vielzahl der atlantischen Priester sind nun aber auch in einer anderen Energiequalität auf diesem Planeten, um die Prozesse des Übergangs mit euch gemeinsam zu lenken. Sie können aus dieser Ebene immer noch durch die Zeit reisen und sich zwischen verschiedenen Punkten des Raums bewegen. Indem meine atlantischen Gefährten und Priester euch Informationen geben, wie ihr eure eigene Bewusstseinsentwicklung voranbringen könnt, haben wir die Möglichkeit, unsere eigene Vergangenheit zu transformieren. Wir stehen bereits jetzt in Kontakt mit vie-

len Bereichen eurer Forschung und Entwicklung und war-
ten nur darauf, bis sich letzte Schleier lichten, damit uns
auch diese Forscherseelen klar empfangen können. Dann
werden meine atlantischen Gefährten sich immer mehr of-
fenbaren, und ihr könnt gemeinschaftlich und zielgerich-
tet die Energien in Ausrichtung auf die Verschiebung der
Ebenen bringen. Auf euch wartet also nicht das negative
atlantische Erbe, das in karmischer Form bereits von vie-
len, wieder Inkarnierten getragen und transformiert wurde.
Denn wart ihr es doch meist selbst, die in verschiedenen
Zeitperioden das alte Atlantis durchwanderten, durch-
lebten und diese Prägungen in ihre Felder übernahmen.

Künftig dürft ihr die Fähigkeiten und das Wissen der
Atlanter und eurer eigenen atlantischen Wurzeln anneh-
men und diese Potenziale in vollem Umfang nutzen.

Genau hier möchte ich ein Zeichen der Aufmerksam-
keit für euch setzen. Die Matrix ist gewebt, die Systeme
sind bereit, um euch sehr schnell in höheres Wissen hi-
neinzubewegen. Das bedeutet, die Frequenzen der Ohn-
macht, des Mangels, der Armut, der Kleinkrämerei, des
Geizes oder der Gier zu verlassen. Wenn ihr nun erfahren
dürft, nach all den Jahrhunderten der geistigen Umnach-
tung, der Dunkelheit und der Begrenzung, was es bedeu-
tet, eure Energien bewusst zu fokussieren und dadurch
geniale Manifestationen zu erzeugen, dann gebt acht auf
wesentliche Punkte, die es wert sind, noch einmal geson-
dert erwähnt zu werden.

Eure Herzenskraft ist eines der größten Potenziale,
die euch geschenkt wurden und aufgrund derselben ihr

dieses Mal nicht wieder in die alten Bahnen entgleiten könnt. Achtet darauf, dass ihr immer in Liebe verbunden seid, damit ihr eure Seelenbotschaften empfangen könnt. Denkt bei allen Möglichkeiten darüber nach, ob eure Wünsche tatsächlich im Sinne des Großen Ganzen sind, oder ob sie euch eine abgehobene Position in Beziehung zu euren anderen Weggefährten sichern sollen. Das könnte euch sehr schnell wieder in die Trennung bringen, und es wird nicht funktionieren.

Wie schon erwähnt, ihr könnt dieses Mal nur wachsen, wenn ihr aus dem Herzen agiert. Andere kopflastige Praktiken, die es auch in all den Jahren auf eurem Planeten gegeben hat, werden sich ebenso verändern und sich im Zuge des Schwingungsanstiegs einfügen in die kraftvollsten Strömungen der Zeit – die Liebe und das Licht. Ihr spürt mehr und mehr, wenn ihr die Ebene der Herzschwingung verlasst, denn euer Umfeld gestaltet sich dann zunehmend ungemütlicher. Ihr seid in solchen Momenten nicht mehr mit der neuen Matrix in Resonanz und könnt folglich nicht mehr das volle Potenzial nutzen. Überdenkt also eure Wünsche und Kreationen genau, bevor ihr loslegt. Und wisst, dass euer Seelenselbst dafür sorgen wird, euch – manchmal auch mit Pauken und Trompeten – auf die richtige Spur zu lotsen. Seid sehr aufmerksam in dieser Zeit.

Es ist grundsätzlich nichts dagegen einzuwenden, wenn ihr euch größere Geldbeträge kreiert, doch bedenkt bitte eines dabei: Geld ist immer nur das Mittel zum Zweck. Es ist eine Energie, die euch zur Erfüllung eurer

Visionen dient und kein Endziel im Prozess der Nutzung eurer Schöpferkraft. Es wird immer da sein, wenn ihr mit euren Schöpfungen tief verschmolzen seid. Daher ist es an sich nicht maßgebend, in erster Linie Geld zu kreieren. Doch ihr werdet spüren, dass es sehr viel schwerer ist, als Schöpfungen hereinzubringen in euer Leben, mit denen euer Herz aufgeht. Macht es das bei Geld? Nun gut, ihr werdet es fühlen.

Die Manifestation von Banknoten wird vorerst schwierig sein, weil ihr teilweise noch sehr große Anhaftungen habt, die den Wert oder den Unwert des Geldes betreffen. Daran, ob ihr nun Macht oder Ohnmacht im Leben erfahren habt, aufgrund mangelnden Geldes. Dies sollte zunächst geheilt sein, wenn ihr darin Erfolg haben wollt. Schaltet also zuerst eure Schnittstelle frei, ehe ihr euch in die Matrix von Reichtum und Fülle einloggt. Es kann nichts zu euch fließen, was noch so belegt ist von haftenden Glaubensstrukturen, alten Mangelmustern und dunklen Schleiern. Geht also in Transformation mit diesen Dingen, bis ihr geklärt seid und eure eigene Beziehung zu Geld durchlichtet und erhöht habt – kurzum, auf eine neue Ebene heben konntet. Wenn ihr Geld seht, solltet ihr mehr dessen Energie spüren und im Herzen erkennen, wozu es euch dient. So lange dies nicht der Fall ist, habt ihr diese Lektion nicht beendet.

Beginnt vorerst in kleineren Schritten, damit ihr lernen könnt und Zutrauen in eure Prozesse habt, durch die ihr euch hindurchbewegt. Beginnt mit kleineren Dingen, die ihr euch so richtig plastisch vorstellen könnt. Für die *weiblichen Seelen wären dies vielleicht ein paar schöne Schuhe oder etwas zum Anziehen. Aber auch eine Reise, die euch in spiritueller Hinsicht weiterbringt, oder Schulungen und Ausbildungen des Bewusstseins werden intensiv von euren Seelenselbsten sowie von der Geistigen Welt gefördert.*

MACHT ES EUCH SO LEICHT wie möglich, habt Freude und Spaß und arbeitet nicht unter Druck, der verschließt. Wahrscheinlich gibt es Situationen, in denen sehr schnell die Mittel fließen sollen. Das sollte – nicht wie in all den Jahren zuvor – kein Dauerzustand mehr sein.

Fühlt ihr eure Erfüllung nicht im Herzen, werden euch diese Anleitungen nicht automatisch in diesen Zustand katapultieren. Schaut immer wieder nach innen und erforscht und erkennt euch selbst als große Meister des Lichts und der Wandlung. Es kann keiner für euch im Außen tun.

Kreiert euer Leben jetzt und kalkuliert ein, dass ihr Fügungen erkennen dürft, Synchronizitäten erfahren und dass die Energiefäden gewebt werden müssen, ehe die neue Kreation hereinfließen darf.

Ja, manchmal geht es auch sehr schnell. Je nachdem, wie verbunden ihr seid oder wie viel Übung ihr bereits darin habt.

Die Manifestationen werden euch am Anfang ziemlich anstrengen, weil ihr es nicht gewohnt seid, so zielgerichtet Energie über einen längeren Zeitraum fokussiert auszurichten. Ihr kommt jedoch in dynamische Bewegungen und immer schneller voran, bis es einmal zu eurer Lieblingsbeschäftigung werden wird.

Vertraut dem großen Geist, vertraut Mutter Erde, vertraut der Quelle von Allem-was-ist, und damit vor allem euch selbst. Die Energien versinken nicht in den Weiten des Universums, sondern brauchen manchmal etwas Raum, um sich durch eure Felder zu bewegen.

Daher sind eure Öffnung und eure Aufmerksamkeit von Belang, damit ihr die sicheren Zeichen erkennt und den für euch idealen Weg wählt.

So sei es.

Das waren meine Erläuterungen, die in dieses Projekt einfließen durften. Ich danke euch für eure Bereitschaft, meine Energie – auch zwischen den Zeilen – aufzunehmen.

Ich segne euch alle mit den Vibrationen der Freude, des Erfülltseins und der großen Leichtigkeit.

Ich bin Soana – atlantische Priesterin für Reichtum und Fülle, und ich bin bei euch, wenn ihr mich ruft.

Tempel der Fülle – im Palast der Soana

Die Geschichte einer Reise der Seelen nach Atlantis

(Bitte meditativ lesen.)

Wir schließen die Augen und sind nun auf dem Weg in eine andere Ebene – Atlantis.

Tunnel – Rauschen – Tor.

Wir betreten eine lichtvolle Landschaft mit sanften Hügeln und bizarren Pflanzen und Bäumen.

Der sauber eingefasste Weg, den seitlich farbenfreudige Kristalle und kunstvolle Objekte aus Gold zieren, schlängelt sich durch diese erhabene Naturlandschaft.

Ein silberner See glitzert uns entgegen und wirft das Licht der Sonnenstrahlen auf die umgebenden Blumen und bemerkenswerten Steinformationen. Wir sind am Palast der Priesterin Soana. Es ist ein kleiner Badesee, an und in dem noch viele andere Wesen – Feen, Elfen, Faune, Naturgeister – wohnen. Der Silbersee ist durchtränkt von einem reinigenden Licht, und Soana bittet uns nun, an dieser Stelle alles abzulegen, was wir bis hierher getragen haben. Alle unsere Kleider, unseren Schmuck – aber auch alles, was wir immer noch mit uns tragen, was uns belastet, auf unsere Seele drückt. Hier im silbernen Bad können wir es loslassen und frei durch das glasklare schimmernde Wasser gleiten. Wir toben uns eine Weile aus, verspritzen das glitzernde Nass, jauchzen und lachen.

Nach dem erfrischenden und reinigenden Bad steigen wir die schmale Marmortreppe empor, die reich mit Edelsteinen bestückt ist. Soana ist hier, um uns in diesem Moment eine goldenes Gewand umzulegen – das Gewand eines Königs, einer Königin, der/die wir wahrhaft sind.

Mit diesem prachtvollen Mantel spüren wir die edle Energie, die das Gewand über uns ausbreitet, und wir sind anders in diesem Moment. Soana setzt nun jedem eine Krone aufs Haupt und bedeutet uns, dass so das Kronenchakra in lichtvoller Weise aktiviert wird. „Möge das goldene Licht über diese Krone zu euch fließen", spricht sie. Wir fühlen die starke Energieübertragung, die dieses geistige Werkzeug unterstützt, und bewundern unser majestätisches Wesen in diesen außergewöhnlichen Gewändern.

Soana bittet uns mitzukommen. „Folgt mir", in ihren Palast für Reichtum und Fülle in Atlantis.

Wir sehen ein hohes kristallines Bauwerk mit Säulen und goldeingefassten Flügeltüren, die weit offenstehen. Man empfängt uns in dem Palast in der Würde eines angesehenen, hochrangigen Gastes. Viele junge Priesterinnen in weißen Gewändern mit goldenen Gürteln und kunstvollen Spangen geleiten uns in das Innere des Tempels. Wir werden von einem Rat der höchsten Priester empfangen, die in einer Art Festsaal feierlich Aufstellung genommen haben. Durch die hohen schlanken Fenster, die mit farbigen Verglasungen versehen sind, strahlt helles Sonnenlicht und hält den ganzen Saal in einem märchenhaften Schimmer. Wir sind eine Weile wie benommen und können uns nicht satt sehen an all den Kunstwerken. Fresken mit Tieren und Blumenranken, spiralförmige Objekte aus Gold bewundern wir, die die Wände und Decken des Festsaals zieren. Alles ist am richtigen Platz und kunstvoll ausgewählt – all das erfüllt uns, wir sind glücklich. Wir durchschreiten den ovalen Raum, um auf den kostbaren Diwans rechts und links Platz zu nehmen.

Die Priester stehen schweigend und wissend lächelnd vor uns. Mit einer Handbewegung der Verehrung bedeuten sie Soana, in ihre Mitte zu treten. Wir dürfen uns auf die Diwans legen, und sie teilen uns ohne Worte mit, dass jetzt ein altes atlantisches Ritual erfolgen wird, das sie oft auch mit ihren Gefährten durchführten. In der Mitte des Saals steht ein Brunnen, der diffus von einem ovalen runden Kristall beleuchtet wird. Der Kristall beginnt sich langsam zu drehen, sternförmig treten Lichtstrahlen aus und tauchen alles rundherum lichtvoll ein. Wir lassen uns durchdringen von diesem Licht, genießen die Atmosphäre des Palastes.

Soana und die Priester lassen uns nun die Energie des Reichtums und der Fülle spüren, hüllen uns ein, und wir lassen es geschehen. Zarte hohe und lange Töne dringen an unsere Ohren, und wir empfinden, dass wir uns in ein angenehmes Rauschen begeben. Wir wissen irgendwie, was passiert. Unsere Felder werden neu kalibriert, und unsere Körper erhalten eine hochwertige Frequenzbereinigung durch Töne, Farben und Licht. Es ist eine ganz besondere Energie, in die wir hier tief eintauchen dürfen, die des Atlantis zu einer Zeit, als es in höchster Blüte stand.

Soana hält nun ihre Hände auf. Es funkelt darin und fließt wie flüssiges Licht. Sie schenkt jedem von uns einen ätherischen, goldenen Kristall, der in unserem Herzen platziert wird. Über diesen Kristall können wir uns jederzeit mit der Energie des Tempels verbinden. Der Kristall der Erfüllung.

Soana spricht: „Geliebte Wesen, der Kristall ist ein Tor, durch das ihr hindurchgelangt, wenn ihr eure Manifestationen durchführen möchtet. Er wird euch augenblicklich hier in meinen Palast versetzen und alle Energien für das Gefühl des Erfülltseins in euch aktivieren. Ich erwarte euch, geliebte Wesen, um euch mit meiner priesterlichen Kraft in euerm Schöpfungsprozess zu unterstützen. Öffnet euch nun weit, um eure Potenziale zu empfangen, die ihr hier in eurer atlantischen Zeit energetisch in diesem Tempel verankert habt, um sie jetzt zu euch zurückzunehmen. Potenziale des hohen Wissens, der Fähigkeit zu erschaffen, der Manifestation, der Kreativität. Ihr alle wart bereits mehrfach hier und wurdet von mir unterrichtet. Ihr habt das Wissen und die Fähigkeit, jetzt, wie in eurer atlantischen Inkarnation, diese Dinge zu praktizieren und euer Leben dadurch in eine große Transformation zu bringen.

Lasst euch nun von den Priestern in weitere Räume führen."

Die Priester treten hervor, und ein heller Schein strahlt um ihre weißen Gewänder. Sie haben schwere, goldene Kolliers und Amulette umhängen, die alle eine Bedeutung haben und ihre priesterlichen Stufen und Würden symbolisieren.

Tiamos, Priester der Präzipitation, hilft uns mit seinen Worten und Gesten der Liebe und Verehrung, unser Selbstbewusstsein zu stärken. Er lässt uns wissen, dass er uns für die vielen lichtvollen Dienste dankt, die wir anderen Wesen angedeihen haben lassen und versichert uns, dass wir höchste Priesterränge begleiten würden zum Zeitpunkt, wenn sich die geistigen Reiche wieder mit den irdischen verbinden.

Sein Sonnenkollier mit vielen Symbolen schimmert und taucht jeden, vor den er tritt, in ein kraftvolles goldenes Licht. Nun beginnen auch die anderen Priester, unsere Felder zu durchdringen und ersetzen teilweise zerbrochene ätherische Kristalle in den Energiezentren, richten mit ihren fokussierten Strahlen die Chakren wieder aus und ziehen uns destruktive Energieformen aus den Feldern. Sie reinigen erneut unsere Auren mit fächerförmigen Lichtlasern.

Wir fühlen uns wie in einem überirdischen Sanatorium, in dem sich durch die vielfältigen energetischen Operationen unsere Körper erneuern und in eine höhere Lichtstufe heben.

Unsere Felder fließen nun über von der Energie des Lichts, der Liebe, des Friedens, der Freude, der Fülle, und wir sind eins im immerwährenden Sein mit allen Priestern, die uns im Licht aus der atlantischen Zeit zugetan sind.

Soana öffnet ein großes goldenes Buch mit den Schriften ihrer Lehre. Sie liest jedoch nicht, was darin steht. Während sie spricht, fließt die Energie dieses Wissens zu uns, und wir können es sehr klar fühlen. Sie spricht: „Ihr geliebten Wesen, ich bin eins mit euch und lasse meine Liebe in euer Herz fließen, in alle Umstände eures Lebens. Erkennt, dass ihr euch entscheiden dürft, euch selbst am meisten zu lieben. Wenn ihr euer Herz im goldenen Licht erfüllt sehen könnt, wenn ihr euer Inneres zu diesem goldenen Kern geformt habt, wird Reichtum in euer Leben fließen. Zu euch selbst sollt ihr finden, um euch selbst zu erkennen. Verbindet euch nun in meiner Energie mit der Liebe zu euch selbst und strahlt dieses Licht aus. Macht es siebenmal an sieben Tagen. Verankert diese Energie in eurem physischen Körper. Ihr werdet erfahren, wie euch die Menschen dieses Licht, das ihr nun ausstrahlt, zurückspiegeln. In Form von Anerkennung, Liebe, Freude, aber auch in Form von materiellen Dingen.

Ich bitte euch nun, geliebte Wesen, helft mit, meinen Palast des Reichtums und der Fülle auf eurer Ebene, auf der Neuen Erde wieder zu erbauen, indem ihr wieder und wieder in diese Energien eintaucht. Damit noch viele tausend Seelen in diesem Palast ein- und ausgehen dürfen, in der Neuen Energie der Neuen Zeit, die geprägt ist von Erfülltsein, Reichtum, Kreativität, Frieden, Licht und Liebe.

So sei es.

Ich segne euch, und alle Priester, die um mich stehen, tun dies ebenso.

Atmet dieses segensreiche Licht jetzt zu euch.

Badet noch eine Weile in der goldenen Energie der Fülle, mit der ich euch heute verbunden habe.

Ich bin Soana.

Segnungen – ein energetisches Feuerwerk

„Segnen" – als ich immer wieder dieses Wort in meinen Gedanken trug, hatte ich keine Ahnung, was sich mir im Laufe der Arbeit (oder sollte ich besser sagen: Feude) an diesem Buch so alles offenbaren würde. Selbstverständlich erhielten wir viele Segnungen der geistigen Familie in großer Zahl. Ich segne täglich mein Essen, meine Reisen und so weiter. Doch was sollte ich jetzt mit diesem Begriff und Erklärungen dazu anfangen?

Immer wenn ich keine Inspiration habe, lege ich mich hin und schlafe oder träume eine Runde. Dann kommen die Ideen und Botschaften nur so hereingepurzelt, und ich muss schnell zum Stift greifen, um alles festzuhalten (als Krücke für den Verstand). Es ist unglaublich, was wir in diesem saumseligen Zustand alles spielerisch erreichen können. Gerade eben hatte ich auch wieder so ein geistiges Schlaf-Brainstorming! Wow, ich kann euch sagen, ich habe gleich drei neue Projekte (zu den zehn in Kreationsphase) ins Herz gefasst – und den Segen dort hineingeleitet, dass ich sie alle noch in diesem Jahr manifestieren kann, denn was ist Zeit? Eine bewegliche Matrix. Klar, so geht das, „Jungs und Mädels". Immer mehr erkenne ich, wie blind ich all die Jahre war – wir alle, meine ich. Wie konnten wir diese Schätze nur so übersehen?

Meine Empfehlung an alle Kreativen in dieser Runde: Wenn ihr keine zündenden Ideen mehr habt, dann wartet nicht im Stress eures Unternehmens auf das sich dunkel und schwer zusammenbrauende Burnout (es soll ja diese Fälle geben), sondern schlaft einfach. Trefft eure Entscheidungen, bittet eure geistige Familie an eure Seite und träumt, schlaft, bremst, verpennt, nur: DENKT NICHT MEHR NACH! Ich versichere euch grandiose Einfälle, kleine Wunder gar werdet ihr so erschaffen. (Wenn es nicht klappt, könnt ihr euch eine Energieübertragung für die Öffnung eures kreativen Potenzials geben lassen.) Wisst, der beste Tausch in diesen Zeiten ist materielle Energie im Austausch gegen hochkarätige geistige Kraft.

Nun, ich bin etwas vom Thema abgeschweift.

Also, es geht um SEGNUNGEN. Als mir in meinem Halbschlummer bewusst wurde, worum es sich bei diesem Thema genau handelt, bekam ich erst einmal eine Freudenkrise. Alles beginnt zu kribbeln, und mir wurde ziemlich heiß und so weiter. (Ist sozusagen ein neues „Lichtstoffwechselsyndrom", die Geistigen halten sich in solchen Momenten den Bauch vor Lachen.)

Wir haben einen schönen schwarzen Kater zu Hause – Moritz –, der ausnahmslos alles toleriert, was wir mit ihm so veranstalten, weil er weiß, dass wir ihn lieben, ohne ihn festzuhalten. Also, der kleine schwarze Moritz ist immer dran, wenn ich bei meinen Energieforschungen etwas Neues herausgefunden habe, und er muss es sofort ausprobieren. So auch beim Segnen. Ich stürzte also gewitterartig hinunter in die Küche, und er saß, ein Auge nur halb offen, schläfrig auf der Heizung. Ich flüsterte in seine kleinen Katzenöhrchen:

Moritz, ich segne dich, hast du verstanden? (Er verstand natürlich nichts, denn er muss ja nicht denken.) Plötzlich richtete er sich auf, seine Augen wurden groß und rund wie Teller, und er starrte mich an. Vorwurfsvoll natürlich, denn ich hatte ihn ja in seinem Döszustand gestört, indem ich ihn voll energetisierte. Schwankend tappte der dann an einen anderen Platz, damit ich ihn endlich schlafen ließ. Hat also geklappt, dachte ich erfreut.

Ihr könnt es nun für euch selbst herausfinden.

Für alles, was ihr erschaffen wollt, für alle Kreationen, ausnahmslos, erbittet ihr euch den SEGEN.

Nein, nicht von der Geistigen Welt dieses Mal, sondern in erster Linie von euch selbst. Durch eure ICH BIN Gegenwart! Dann könnt ihr auch die Geistigen bitten, doch sie sind sowieso bei euch in diesem Moment, weil sie immer eins sind. Und dann könnt ihr Segen erbitten von ganz lieben Freunden, denen ihr voll vertraut.

Erklärt ihnen kurz, wie es funktioniert, und dann fragt sie, ob sie bereit sind, euer Projekt von Herzen zu segnen. Fragt niemanden, bei dem ihr euch nicht sicher seid.

Segnen ist nämlich nichts anderes als ein tiefes AN-NEHMEN von Allem-was-ist. Indem wir in unseren Christuspunkt atmen und die Dinge segnen, verschmelzen wir auf eine neue Art mit ihnen. Haben wir nun all das zu uns gezogen, also integriert, kann es uns im Außen nichts mehr anhaben, beziehungsweise ist so mit uns verbunden, dass es in unser Leben fließen muss.

DIES IST EIN ENERGETISCHES FEUERWERK, versprochen!

Der Segen, den wir bisher gegeben haben, war mehr ein gesprochener oder gedachter Segen – wie auch in den Kirchen beispielsweise. (Ausnahmen gibt es, sie bestätigen eher die Regel.) Nur hat diese Energie eine völlig andere Qualität. Sie kommt mitten aus unserem Christuszentrum in unserem Herzen. Versteht ihr, was den Unterschied macht?

Und glaubt mir, wenn ein Pfarrer in der Lage wäre (er müsste es schon täglich praktizieren), mit weit geöffnetem Herzen für die Gemeinde seinen Segen zu sprechen, es bliebe wahrlich kein Auge mehr trocken, und diese Kraft würde als heilende Energiewoge fließen.

Damit möchte ich nicht erklären, dass viele gläubige Menschen, die in der Kirche beten, ein verschlossenes Herz haben, ganz im Gegenteil! Nur – sie wurden von der Kirche niemals dazu angehalten, ihre Schöpferkraft anzunehmen, ihre Macht des Herzens zu leben. Mit gefalteten Händen (das Mudra der Sühne) sitzen sie ehrfurchtsvoll in den Reihen und fühlen sich alle wie Sünder.

Wenn Jesus Christus das erleben würde!

Habt ihr schon einmal einen wahren Meister gesehen, der so betet? Ich definitiv nicht.

Die meisten höheren Kirchenbediensteten sind vorwiegend dafür ausgebildet, Psalmen auswendig zu lernen, womit sich das mentale Zentrum verstopft. Psalmen sind erstarrte Energie, weil sie von der Kirche akribisch zurechtgestutzt wurden und nicht mit Herzenergie aufgeladen sind. Bis auf den heutigen Tag werden im Vatikan (und anderen geheimen Orten) Informationen und Schriftstücke über die wahren Predigten von Jesus verborgen gehalten. Das wissen die Menschen im Innersten, sie fühlen es. Doch beweisen können sie es sicher (noch) nicht.

Ganz anders verhält es sich wiederum bei den indischen oder Sanskrit-Mantren. Da kommt beim Singen oder Rezitieren sehr viel Energie ins Fließen. Daher sind sie in der heutigen Zeit auch beliebter als Bibelverse.

Du, lieber Leser, hast immer Entscheidungsfreiheit. Du hast die Chance, das Richtige für dich herauszufinden. Denn es gibt nicht das Richtige für alle, weil es eben relativ ist.

Segne dich nun einmal selbst. Bist du bereit?

Gehe mit deiner Absicht mitten in dein Herz, finde deinen hellsten Lichtpunkt – den Christuspunkt. (Du kannst ihn auch fühlen. Wenn es beginnt, leicht zu vibrieren, bist du drin.)

Atme senkrecht und verbinde dich mit deinem Höheren Selbst, deiner ICH BIN Gegenwart.

Lass dann dein Atemschema außer acht, atme weiter und konzentriere dich nur auf diesen Lichtpunkt. Tauche direkt hinein.

ICH BIN EINS MIT ALLEM-WAS-IST.

ICH SEGNE MICH JETZT (... oder das entsprechende Projekt).

Wenn dir jetzt nicht schwindelig ist, darfst du noch weiter üben.

Ihr könnt euch nicht vorstellen, welche Energieströme da losrauschen. Ich habe es gefühlt – vielfach – und ihr könnt es ebenso spüren. Alles hat natürlich mit der Ausdehnung unseres Bewusstseins zu tun. So wird es immer wieder Menschen geben, denen du sagst: „Weißt du schon, du bist nur mein anderes Ich!", und sie antworten dir vielleicht: „Und sonst so? Alles noch im Lot?" NEIN, nichts ist mehr im Lot, alles ist komplett außer Rand und Band, alles dreht sich, schwappt über, läuft aus und explodiert (Erde), versteht ihr? Alles ist durch uns formbar, dehnbar, veränderbar. Ist das nicht wirklich göttlich?

Klar müssen es erst die meisten wirklich begreifen. Doch es ist, wie es ist.

Wir beeinflussen alle Energien unseres Umfelds (unseres Universums) mit unseren Gefühlen, Gedanken, Empfindungen mit unseren inneren Vorstellungen. Ihr seht, was sich ereignet, wenn das die Masse der Menschen unbewusst tut. Welche schleimigen, dichten Dreckschichten noch auf Mutter Erde liegen und teilweise auch noch in sie hineingesunken sind. Das ist noch ein ganzes Stück Arbeit, liebe Lichtmeister. Beginnen wir JETZT!

Ich erbitte euren SEGEN für unsere Mutter Erde und alle Lebewesen, jetzt in diesem Moment (und da kann ich wirklich nur kreieren, dass sich das Buch hier sehr gut verkauft)!

Meditation – Dein Segen für Mutter Erde und alle Lebewesen

- *Halte inne und atme im Christuspunkt (lichtvollster Punkt inmitten deines Herzquantenraums) mit der Gewissheit, dass du das Universum in dir trägst, das du (auch) das Universum bist.*
- *Sage zu dir: ICH BIN das ICH BIN. Ich bin eins mit Allem-was-ist.*
- *Atme senkrecht in Verbindung – Erde, Kosmos – und zu Allem-was-ist und dehne dich weiter aus.*
- *Sieh unseren wunderschönen blauen Planeten, wie er sich nun in deinem Herzuniversum dreht, und halte dieses Bild eine Weile im Christuslicht.*
- *Fühle die Liebe, die du als unbegrenztes Wesen in diesem Moment für Gaia und alles Leben empfindest.*
- *Und nun SEGNE aus deinem Christuspunkt heraus mit aller Liebe, die du fühlen kannst, unsere geliebte Mutter Erde und alles Leben, das sie trägt. (Wie ein großes Raumschiff schwebt sie durch das Universum!)*
- *Lass es lange fließen.*
- *Komm nun ganz sanft wieder zurück ins Hier und Jetzt. Atme kräftig durch und bewege dich.*

Wenn du jetzt Herzdruck verspürst, hat sich dein Herz weit geöffnet und blockierte Energien fließen ab. Lass sie fließen.

Sei dir sicher, dass deine Liebessegnung kraftvoll zu dir zurückströmen wird.

Genauso, wie du in diesem Moment eingetaucht bist in die Aussendung deines Segens, verfährst du auch mit deinen eigenen Projekten. Du kannst deinen Segen auf bestimmte Tage ausdehnen oder auch an energetisch guten Tagen des Monats (1., 3., 5., 7., 8., 9., 10., 11., 12., 21. usw., oder an allen Tagen, die für dich eine besondere Bedeutung haben) für die kommenden Monate, für das ganze Jahr deinen Segen aussenden. Probiere es aus und sieh, was passiert.

Und gerade, wenn etwas einmal *nicht klappt* – SEGNE es! Wenn dein Chef dich ärgert, segne ihn. Geht alles schief, was schiefgehen kann, segne es. Wenn du voll unter Druck stehst, etwas fertigbekommen musst, wenn du eine Prüfung oder ein wichtiges Gespräch hast usw.

Segne deine Krankheit. Segne deine Armut. Wenn deine Familie ein Chaos veranstaltet, segne es. Denn du kannst noch nicht wissen, ob du dieses Mal das letzte Mal hier bist.

Erzengel Michael – Schlusswort

Ich erscheine mit meinen himmlischen Heerscharen und grüße euch, ihr irdischen Engel – unser Bodenteam – auf das Herzlichste.

Wir möchten euch unseren Dank, unseren Applaus hereinbringen, für die vielen ungemütlichen Abenteuer, die ihr bereits erfolgreich gemeistert habt. Unsere Freude, unser Licht und unsere Liebe sind stets mit euch. Haltet hier inne und atmet nun für einige Minuten in tiefen Atemzügen, um unsere Energien zu empfangen. (Ich bekomme Niesanfälle.)

Ich freue mich, an dieser Stelle meine abschließenden Worte einzuflechten.

Wohin geht die Reise?, fragte mich Andrea. Ja, wohin geht eure Reise? Ich könnte jetzt sagen: Sie führt immer zum Ziel – welches immer ihr für euch bestimmt habt.)

Ihr seid mittlerweile in großer Zahl auf eurem Weg und habt wesentliche Transformationen durchlaufen, viele Lektionen eures Lebenszwecks hier auf der Erde vollendet. Auch wenn es noch bei dem einen oder anderen etwas länger braucht, um richtig in alle irdischen, materiellen Strukturen einzusickern.

Dennoch – was vor euch liegt, ist der Abschnitt des göttlichen Plans, der noch einmal all eure Kraft, all eure Verbundenheit, all euren Mut und euer Vertrauen erfordert. Inzwischen habt ihr viele Bestätigungen bekommen für den großen Wandel, der in vollem Gange ist. Diese Zeichen mehren und verdeutlichen sich weiter.

Achtet daher gut auf unsere Botschaften, die sich am Himmel zeigen und die ihr plötzlich neben euch oder in eurer Umgebung wahrnehmt. Wir erscheinen als Lichtreflexionen, als wehender Wind, als duftende Woge, im Schein des Feuers, im Kelch der Blume, im Blick eures Haustiers, oder wir lassen unsere Energie in die Worte eures Gegenübers fließen. Wir sind reines Licht, das überall präsent ist.

Je mehr ihr eure Öffnung und eure Transparenz entwickelt, je hellsichtiger, hellfühliger ihr werdet, umso sichtbarer und fühlbarer werden wir für euch sein. Unsere Ebenen nähern sich noch weiter an, und es wird eine Zeit geben, in der ihr unsere Lichtgestalten direkt sehen könnt. Wir versprechen euch in diesem Moment, dass ihr im wahrsten Sinne eurer Worte umwerfende Erlebnisse haben werdet. Auch dies habt ihr in eurer Inkarnationsabsicht verfügt.

Sorgt gut für euch, damit ihr bereit seid, wenn ihr eure Kräfte bündeln müsst, um die aufschäumenden Energien zu harmonisieren. Denn jeder Einzelne der erwachten Lichtträger hat zugestimmt, seine Pflichten hier innerhalb der Shifts und der großen Energiebewegungen des Planeten und der gesamten Menschheit zu erfüllen. Ihr werdet an die entsprechenden Orte zu den richtigen Meistern und Menschen gerufen.

Denn alle Abläufe unterliegen der Schirmherrschaft der himmlischen Mächte und sind Teil des großen göttlichen Plans, der vor allem mit eurer Hilfe in dem Zeitfenster des Übergangs und danach in die irdischen Strukturen Masche für Masche eingeflochten wird.

Ohne euch, ihr über alles geliebte Lichtträger, hätten wir keine Chance, unsere Energien hereinzubringen. Wir nutzen jeden offenen Kanal, der die ansteigenden kosmischen Lichtwellen empfangen kann. Vertraut darauf, wenn die eine oder andere Reise, der eine oder andere Termin nicht geklappt hat oder anderweitige Vereinbarungen nicht eingehalten wurden, dass es einen tieferen Sinn dafür gibt. In solchen Momenten solltet ihr aufmerksam eurer inneren Führung zuhören – denn euch werden die entsprechenden Botschaften mitgeteilt.

Lasst daher eure innere Zwiesprache mit eurer Seele zu. Das schafft ihr leicht in der aktuellen Energiequalität, indem ihr verharrt, alles um euch so sein lasst, wie es eben ist, und euch tief innen zuhört. Atmet ruhig und gelassen, lauscht auf die Ströme eures Blutes, auf den Schlag eures Herzens, spürt die Zirkulation eurer Körperenergien. Die Botschaften sind da, und ihr könnt sie fühlen oder wahrnehmen, manchmal auch hören.

Vertraut auf euer Sein, auf euer wahres Wesen, das immer mit Allem-was-ist in Verbindung steht. Nur eure Egostrukturen machen euch noch zu schaffen und lassen euch glauben, ihr wäret „getrennt". In Wahrheit seid ihr doch hier, oder nicht? Direkt mit mir hier in diesem Raum. Es spielt keine Rolle, in welcher Modifizierung wir uns begegnen. Wichtig ist allein, dass wir uns wahrnehmen, miteinander schwingen, uns berauschen und erfüllen! Und mit Hilfe unserer Energien dürft ihr gerne eure Schlösser knacken, um eine Ausdehnung nach der anderen zu erleben, dürft ihr gerne eure Erinnerungslücken füllen und erkennen, WER um Himmels Willen und in GOTTes Namen ihr nun wirklich seid. Wir senden euch auch mit diesen Worten die „Schlüsselkombinationen" für ein zügiges Voranschreiten.

Nun, ihr Lieben, lasst es euch gut gehen, klärt euch fortwährend. Lebt euer wahrhaftiges Leben. Gönnt euch viele Pausen, in denen ihr euch zurücklehnt, um einfach zu SEIN. Je mehr ihr diese Ruhephasen oder auch Kurzschläfchen genießen könnt, je mehr sind wir in eurer Nähe und dringen zu euren inneren Ohren, zu euren inneren Augen vor, um euch Erläuterungen zu geben oder euch zu stärken und zu harmonisieren. Wir knüpfen aus unseren Räumen derzeit viele Verbindungen zwischen den einzelnen Seelen oder auch Seelenfamilien, damit sie zur richtigen Zeit am richtigen Ort zusammentreffen. Daher werden sich die Synchronizitäten häufen, die ihr tagtäglich erleben werdet. Ich höre euch bereits jetzt öfter als sonst sagen: „Na, das passt ja ganz genau", oder „Da hatte der gute Zufall wieder einmal die Hand im Spiel."

Für eine kraftvolle Verbindung mit meiner Energie gebe ich euch die folgende Meditation mit auf den Weg. Ihr könnt sie gut abends vor dem Schlafen durchführen, dann seid ihr über die ganze Nacht in meinen Engelsschwingen geborgen.

Initiation mit Erzengel Michael – Empfange mich im bewussten Atem

- *Atme weich – doch tief – aus und ein.*
- *Empfange meine Energie in deinem tiefen, bewussten Atem. Du kannst auch meinen Namen einige Male chanten – denn du stehst nun unter meinem Schutz, ich führe dich jetzt.*
- *Komm tief zu dir selbst, indem du dich mehr und mehr in dein Herz atmest.*
- *Fühle, dass sich alles, was nun noch außerhalb deines Herzens ist, auflöst – zunächst deine äußeren Felder, dann deine körpernahe Aura, dein Körper – so, als wäre er nicht mehr da.*
- *Alles verschmilzt jetzt mit meiner Energie – lass es zu.*
- *Du bist ausschließlich in deinem Herzen geborgen – nichts sonst existiert.*
- *Du fühlst, wie sich meine bläulich-silbern schimmernde Energie immer mehr in deinem Herzen konzentriert, wie es immer wohliger wird, du immer ruhiger wirst.*
- *Du spürst, wie du dich in dem Energieball deines Herzens ausdehnst, wie Energie in deinen Kopf fließt, alle Drüsen aktiviert, wie Energie deine Organe durchströmt, Arme, Beine.*
- *Immer mehr dehnst du dich mit der Energiewolke aus, über deine Aura, durchströmst weitere Felder, dehnst dich weiter und weiter aus, leicht und frei.*
- *Du hast das Gefühl, zu steigen – wie ein Ballon, erhebst dich in deiner Ausdehnung immer mehr. Du hast*

deine frühere Ebene verlassen und darfst nun mit weiteren Aspekten meines Wesens verschmelzen.

- *Du siehst mein blaues Licht, meine Lichterscheinung; mein Stahlen und mein Leuchten übertreffen deine Vorstellung um ein Vielfaches, nicht wahr?*
- *Du erkennst, dass das, was du bisher von mir empfangen hast, nur ein winziger Teil meines Wesens war.*
- *Du fühlst dich mehr und mehr hingezogen zu meiner Energie.*
- *Ich ziehe dich direkt in meine blaue Lichterscheinung hinein, und du kannst jetzt vielleicht mein Lächeln wahrnehmen.*
- *Alles dreht sich um dich und wird immer schneller.*
- *Du fühlst jetzt nichts mehr, was du noch beschreiben könntest.*
- *Du bist jetzt hier. Genieße es.*
- *Bereite dich nun innerlich auf den nächsten Schritt vor.*
- *Schaue jetzt in meine Augen und empfange mein Licht.*
- *Lass dir Zeit, so lange du magst. Du kannst auch einschlafen – ehe du dann wieder zurück in deinen Körper kommst.*

Danke, lieber Erzengel Michael, für diese wundervolle Initiation.

Bitte, gern geschehen. So spürt ihr doch am ehesten, wie sehr ihr irdischen Engel uns alle am Herzen liegt, wie sehr wir euch lieben und achten.

Ich übersende euch die segensreichen Flügelschläge meiner himmlischen Heerscharen, die mit mir hereinge-flossen sind, und indem wir uns wieder erheben, fahren wir fort euch zu lenken, zu lehren und zu durchströmen.

So sei es.

Ich bin Erzengel Michael

Amen.

Ich darf euch mitteilen, dass ihr den Segen Michaels empfangt, wenn ihr diese Meditation durchführt (jetzt muss ich weinen und bin mit einem Schlag total müde), und dass er jedes einzelne Wort mit seiner Energie aufgeladen hat.

Nachwort

JA, es ist vollbracht!

Ich bin sehr froh, dass ich es geschafft habe, wirklich in zwei Wochen meines Urlaubs dieses Buch zu verfassen (selbstverständlich waren die Nacharbeiten noch einmal ziemlich umfangreich).

Als ich an die Arbeit ging und die „älteren" Texte hervorgrub, fühlte ich, dass vieles gar nicht reinpasste. Normalerweise würde an dieser Stelle jeder zweite kopflos aufgegeben haben, oder?

Ich nicht – das seht ihr ja nun.

Ich weiß nicht weshalb, doch ich hatte einfach vollstes Zutrauen, dass alles, was sich entwickeln sollte, bereits fix und fertig auf einer anderen Ebene kreiert war (durch meine Absicht, dieses Buch anzufertigen), und ich fühlte, dass ich alles frei fließen lassen konnte – einfach so. Mal sehen, wie es hereinkommt, dachte ich und spürte die Energien so stark, dass es mich manchmal regelrecht umhaute – Schlafkoma – ich erwähnte es bereits.

Auch fühlte ich in der „Kreationsphase", dass ich mit dem Fertigstellen und dem Druck dieses Buches das allerbeste Beweismittel in der Hand hielt, um euch allen zu sagen: Seht, hier ist es – FREI KREIERT, mit der kristallklaren Absicht und einem grenzenlosen Vertrauen in die Geistige Welt. Ich danke euch von Herzen, ihr lieben Brüder und Schwestern aus den unverkörperten Welten! Ihr habt mir so geholfen, mich so getragen auf den goldenen Wellen des Lichts. Es war einfach wunderbar.

Ich hatte mir diese „kleinen" zwei Wochen Auszeit genommen, um eigentlich meine Kräfte wieder aufzutanken, was wir doch alle hin und wieder nach Heilsitzungen oder Seminaren und Meditationen nötig haben.

Das habe ich mit Sicherheit auch getan, doch war es streckenweise sehr anstrengend, tagelang am Stück zu schreiben. Nun schreibe ich wirklich sehr schnell, denn ich habe in meiner früheren Zeit Redaktionsarbeit gemacht. Und was glaubt ihr, wie schnell ich da schreiben musste (alle meine Redaktionskolleginnen, die heute noch in solchen Jobs tätig sind, haben mein vollstes Mitgefühl).

Aber dieses Mal hatte ich tatsächlich das Gefühl, dass die Finger – manchmal ferngesteuert – nur so über die Tasten flogen. Ich bin mit Kopfdröhnen ins Bett gefallen und mit Kopfdruck aufgestanden. Er war mein ständiger Begleiter. Außerdem hatte ich immer wieder starke Herzschmerzen wegen der Ausdehnungen und öfter wie abgestorbene kalte Beine und Arme.

Bei allen Annehmlichkeiten, die mein heimisches Büro so zu bieten hat: alles am Platz zu haben, den Balkon am Büro zum Ausruhen zwischendurch, der schöne Garten und die Sonnenuntergänge. Ich musste mich auf nichts neu einstellen. Ich konnte mich also auch den ganzen Tag in bequemen Hausklamotten (kennt ihr doch, oder?) hier herumdrücken. Und mittags gab es auch immer etwas Leckeres zu essen (danke, liebe Mama!). Trotzdem war es doch ungewohnt, in der familiären Umgebung so lange am Stück Energien zu kanalisieren, denn das mache ich sonst nicht in dieser Weise.

Das sorgte hin und wieder für aufbrausende Erlebnisse, weil ja der Rest meiner Familie (außer meiner Tochter) nun nicht gerade den spirituellen Weg gewählt hat. Ihr könnt euch also vorstellen, wie ich da auch immer wieder energieabziehenden Anfechtungen ausgesetzt war, und ich mich sehr schnell verdünnisieren musste, um das alles wieder zu transformieren. (Wir haben ein großes Haus, in dem zwei Familien, also drei Generationen, leben – und was in mancher Hinsicht durchaus auch Vorteile haben kann, birgt beim genaueren Hinsehen viel klebrigen Familienzwist, der immer wieder aus den Tiefen der gelebten Leben zu uns aufsteigen darf.

Nun gut, es hat bestens geklappt. Ich bin hier, und es geht mir gut.

Außerdem hatte ich Hilfe von einer Vielzahl großer Kristalle (meine lieben „Kinder"), einigen selbstgebauten Werkzeugen, die den Energiefluss unterstützen konnten, und natürlich meine vielen farbkräftigen und energetischen Bilder sowie meine Kristallschädelfreunde, denen ich immer mal wieder zwischendurch die Hand auflegen durfte.

Ich kann euch versichern, dass ich meine Herzensliebe in das Buch hineingewebt habe und auch die Liebe der Geistwesen, deren Energien ich kanalisieren durfte. Ihr habt es gefühlt?

Ich wollte ein Anleitungsbuch kreieren, dessen Inhalt es euch, die ihr dieses gerade lest, leicht macht, alle Übungen und Initiationsschritte nachzuvollziehen!

Darum sind alle Meditationen (bis auf einige) absichtlich kurz und übersichtlich gehalten, damit ihr euch den

Ablauf gut einprägen könnt. Natürlich lese ich Geschichten zu Meditationsreisen auch sehr gerne, doch die Anleitungen sind dann meistens so lang, dass man den Anfang nach dem ersten Abschnitt schon wieder vergessen hat. Ich habe das so strukturiert, dass alle meditativen Energieübungen im Buch sofort leicht durchzuführen sind. Wie ich finde, macht es keinen Sinn, seitenlange Meditationen aufzuschreiben, wenn wir nicht gleichzeitig eine schöne gesprochene Version dazu bekommen. (Und diese wird es, so habe ich es kreiert, auch von den Meditationen in diesem Buch geben – wenn mein Verlag mitspielt….)

Für die gesprochenen Versionen lasse ich mir (und somit euch) noch etwas Zeit. Durch die stimmliche Präsenz werden Bilder und Inhalte weiter vertieft und erlebt.

Freut euch darauf.

Und wer mich sonst kennenlernen oder ein Seminar buchen möchte, kann das in der Zwischenzeit gerne tun.

www.lichtkristallportal.de

Dort stehen unter Aktuelles, Botschaften, Seminare, Veranstaltungen immer alle aktuellen Termine.

Ich wünsche euch jedenfalls das ALLERBESTE in diesem Leben, und das JETZT!
So sei es.

Andrea

Literaturempfehlungen

Ashworth, David: Tanz mit dem Teufel, Neue Erde GmbH

Avalon, Claire: Die zwölf göttlichen Strahlen, Smaragd Verlag

Avalon, Claire: Wesen u. Wirken der Weißen Bruderschaft, Smaragd Verlag

Brennan, Barbara Ann: Licht-Arbeit, Goldmann-Verlag

Bruyere, Rosalyn L.: Das Geheimnis der Chakras, ACHTUNG: Heyne Verlag

Carroll, Lee, Kryon, und Taeuber, Melina: Kryon, mehrere Bände, I-IX, Koha Verlag

Deaver, Korra: Die Geheimnisse des Bergkristalls, Windpferd Verlag

Emoto, Masaro/Liebitz, Monika: Wasserkristalle, Koha Verlag

Fosar, Grazyna/Bludorf, Franz: Vernetzte Intelligenz, Omega Verlag Bongart-Meier

Frischknecht, Martin: Gesundheit als Chance, Ulmer Verlag

Hawking, Stephen: Das Universum in der Nussschale, Deutscher Taschenbuch Verlag

Heyss, Johann: Einweihung in die Numerologie, Windpferd Verlag

Holitzka, Marlies und Klaus: Der kosmische Wissensspeicher, Schirner Verlag

Ickeroth, Traugott: Im Namen der Götter, Argo Verlag

Jodorf, Daniela: Shambhala, Kamphausen

K. Miller, David K.: Verbindung mit den Arcturianern, Die Silberschnur

Karstädt, Uwe: Die 7 Revolutionen der Medizin, Titan Verlag

Kenyon, Tom und Sion, Judi: Das Manuskript der Magdalena, Koha Verlag

Kenyon, Tom: Die Hathor Zivilisation, Koha Verlag

King, Serge Kahili: Instant Healing, Kreuz Verlag

Klein, Eric: Die Sananda Connection, Koha Verlag

Lehner, Reinhard: Handbuch der Pendeltafeln, Bauer Verlag

Marciniak, Barbara: Boten des Neuen Morgens, Schirner Verlag

Melchizedek, Drunvalo: Die Blume des Lebens Band 1/2, Koha Verlag

Oetinger, Ingeborg: Von Mikrowelle bis Ayurved, Öhringen: Buchdienst Oetinger

Pfister, Patrizia: Kryon - Botschaften der Quelle, Smaragd Verlag

Pies, Josef/ Born, Christian Bob: Immun mit Kolloidalem Silber, Vak-Verlag

Raba, Peter: Schlank und suchtfrei durch Homöopathie, Peter Raba Verlag

Ruland, Jeanne: Das große Buch der Engel, Schirner Verlag

Simoné, Kerstin: Thoth – Die Pforten von Atlantis, Smaragd Verlag

Simoné, Kerstin: Thoth – Die Offenbarungen Bd. I+II, Smaragd Verlag

Stein, Diane/Zeile, Edith: Wir sind alle Engel,
Die Silberschnur
Stelzl, Diethard: Heilen mit kosmischen Symbolen,
Schirner Verlag
Stelzl, Diethard: Heilende Kristalle, Schirner Verlag
Stelzl, Diethard: Licht, Via Nova Verlag
Sterling, Fred/Nayoma de Haen, Nayoma: Kirael,
Koha Verlag
Stone, Joshua David: Aufstiegskurse, R. Lippert Verlag
Stone, Joshua David: Der Integrierte Lichtkörper,
R. Lippert Verlag
Stone, Joshua David: Verborgene Mysterien,
R. Lippert Verlag
Tachi-ren, Tashira: Der Lichtkörperprozess,
Edition Sternenprinz
Tag, Karin: 2012 – Prophezeiungen des Kristallschädels,
AMRA Verlag
Tenner, Christiane: SETH, Smaragd Verlag
Treutwein, Norbert: Übersäuerung, Südwest Verlag
Virtue, Doreen/Görden, Michael/Hansen, Angelika:
Erzengel und wie man sie ruft, Ullstein Verlag
Virtue, Doreen: Die Kristallkinder, Koha Verlag
Vithoulkas, Georgos: Medizin der Zukunft,
Wenderoth Verlag
Walsch, Neale Donald: Gespräche mit Gott BD 1 bis 3,
Goldmann Verlag
Weihoven, Jürgen: Himalaja Kristallsalz,
sanoform-Verlag

Wiesendanger, Harald: Das Große Buch vom geistigen Heilen, Lea Verlag

Wing, Raven: Das Buch der Wunder, Michaels-Verlag

Yogananda, Paramahansa: Autobiographie, Self-Realization Fellowship

und weitere ...